PAX

Entre el ángel y el fierro

Francisco Villa

TEZONTLE

Entre el ángel y el fierro

Francisco Villa

Enrique Krauze

Investigación iconográfica:
Aurelio de los Reyes

Asistente de investigación:
Margarita de Orellana

Biografía del poder / 4
FONDO DE CULTURA ECONÓMICA

Primera edición,   1987
   Octava reimpresión, 2002

Agradezco la ayuda de las siguientes personas:
María Teresa Alarcón, Patricia Arias, Aurelio
Asiáin, Federico Barrera Fuentes, Florencio
Barrera Fuentes, Rafael Carranza, Adolfo
Castañón, Julio Derbez, Lila Díaz, Javier García-
Diego, Renée González, Moisés González Navarro,
Luis González y González, Julio Gutiérrez, Alicia
Hernández, Juan Carlos Ibarra, Alberto Isaac,
Jaime Kuri, Valentín López, Josefina Moguel,
Laura Martínez, Guillermo Montaño, José
Antonio Nava, Norma Ogarrio, Margarita de
Orellana, Guadalupe Pacheco, Hortensia
Torreblanca, Eduardo Turrent, Fausto Zerón-
Medina y Mercedes Zirión de Bueno.

Comentarios y sugerencias: editor@fce.com.mx
Conozca nuestro catálogo: www.fce.com.mx

Diseño, portada e interiores: Germán Montalvo
Fotografía de la portada: Jorge Pablo de Aguinaco

ISBN 968-16-2285-5 (obra completa)
ISBN 968-16-2289-8 (tomo 4, rústica)
ISBN 968-16-2783-0 (tomo 4, empastada)

Impreso en México

Bandido

DE TODAS las provincias del Septentrión novohispano ninguna sufrió tanto como la Nueva Vizcaya la prolongada guerra contra los "indios bárbaros". Los tobosos y los tarahumaras se rebelaron contra la cruz y la espada durante buena parte del siglo XVII. Más tarde surgió en el horizonte la pesadilla que sobrevivió a la Colonia y asoló el norte de México hasta finales del siglo XIX: los apaches. Entre aquellos centauros nómadas y sus contrincantes mexicanos no sólo se entabló una guerra a muerte sino una escalada macabra de métodos de muerte. Este escenario desalmado y feroz, "siempre volante" —como explican las crónicas— fue la escuela vital del hombre cuya epopeya encarna una zona profunda del alma mexicana, su más oscuro y vengativo coraje, su más inocente aspiración de luz: Francisco Villa.

Verosímilmente, Villa nació hacia 1878 en el municipio de San Juan del Río, Durango. Su padre, el mediero Agustín Arango, hijo legítimo de Jesús Villa, muere joven y deja sin amparo a su mujer y cinco hijos. Doroteo, el mayor, quien nunca acudirá a la escuela, es el sostén de la familia y trabaja en el rancho El Gorgojito, propiedad de la familia López Negrete. Verosímilmente también, el patrón —o el hijo del patrón, o el mayordomo— intenta ejercer el derecho de pernada con Martina Arango. Su hermano la defiende a balazos y emprende la fuga hacia cañadas de "nombres pavorosos": Cañón del Diablo, Cañón de las Brujas, Cañón del Infierno. Muy pronto lo apresan y encarcelan, pero evita la ley fuga hiriendo a su carcelero con una mano de metate. Hacia 1891 se convierte en bandido.

1. Coraje a los 16 años.
2. Martina Arango, hermana de Villa, con una niña.
3. Ojinaga, enero de 1914. ▶

5

6

Según el doctor Ramón Puente —quien por un tiempo fue su ecretario y años después escribió sobre él una excelente biografía— ílla alternó los periodos de bandidaje con largos periodos de vida ivilizada, como si el sentido de su rebeldía hubiese sido siempre el mpezar de nuevo o salvarse. Concede que aprendió a robar y matar on los bandidos Antonio Parra y Refugio Alvarado (a) *el Jorobado*, ero no admite que su cambio de nombre por el de Francisco Villa aya sido un homenaje a un bandido homónimo, sino una búsqueda e filiación, la vuelta al apellido legítimo, el del abuelo. Mientras la onseja popular lo imagina en las minas de Arizona o los ferrocarri- s de Colorado, Puente lo describe instalando una carnicería en Hi- algo del Parral. Se ha casado con Petra Espinosa (después de rap- rla) y goza de buen crédito. Hacia 1910 radica ya en la ciudad de hihuahua, ocupado, según Puente, en el mismo ramo comercial.

4. Villa en 1899, a los 22 años de edad.
5. Parral, principio de siglo.
6. Chihuahua, fin de siglo.

7

7. Toribio Ortega, John Reed y Villa.
8-11. Los amigos: Tomás Urbina, Calixto Contreras, Toribio Ortega y Martiniano Servín.

Vive en paz, pero resiente un agravio de la sociedad, el Gobierno y las leyes que oprimen al pobre y lo orillan a delinquir.

La versión antivillista omite los periodos de tregua civilizada y niega valor o veracidad al episodio de la hermana violada. Para sus malquerientes de entonces y ahora, Villa no es más que un asesino. Quizá nunca conoceremos los hechos esenciales en la vida prerrevolucionaria de Villa, pero hay un testimonio que ayuda a aclarar su sentido interno: los primeros reportajes de John Reed, datos y conjeturas que el propio Reed omitió en *México insurgente.*

Al llegar a México en 1913, Reed se entrevistó con varios testigos de las correrías de Villa entre 1900 y 1910: el secretario del ayuntamiento de Parral y el jefe de policía de Chihuahua, entre otros. Completó su información revisando cuidadosamente antiguos periódicos de la zona. En 1916, caído Villa y en el momento de la Expedición Punitiva, Reed restó objetividad a sus hallazgos, pero su naturaleza y magnitud son convincentes: "Sus fechorías —escribió Reed— no tienen parangón con las de ningún otro personaje encumbrado en el mundo."

Entre 1901 y 1909 Villa cometió cuando menos cuatro homicidios, uno de ellos por la espalda. Participó fehacientemente en diez incendios premeditados, innumerables robos y varios secuestros en ranchos y haciendas ganaderas. En 1909, cuando, según Puente, Villa es un honrado carnicero, el verdadero Villa y su banda queman la casa del Ayuntamiento y el archivo de Rosario, en el distrito de Hidalgo. En esa acción, Villa salva el sello que luego utiliza para amparar su propiedad de ganado. En mayo de 1910 se presenta en el rancho San Isidro haciéndose pasar por "H. Castañeda, comprador de ganado". Luego del saqueo, su banda mata al dueño y a su pequeño hijo. Todavía en octubre de 1910 Villa y sus hombres —el compadre Urbina, entre ellos— roban el rancho Talamantes, del distrito de Jiménez en Chihuahua. Desde principios de ese año crucial, Villa había hecho enlace con Abraham González, jefe del antirreeleccionismo chihuahuense. En julio, uno de sus compadres, Claro Reza, lo delata a las autoridades. Al enterarse, según Reed, Villa lo acuchilla en el corazón. Versiones distintas sitúan la escena frente a la cantina Las Quince Letras: sin bajarse del caballo Villa saca su pistola, clarea a Claro y sale tranquilamente de la ciudad. Otros recuerdan que el crimen ocurrió en el Paseo Bolívar: Reza camina con su novia, Villa lo espera tomando un helado, lo encara y lo balacea, saliendo de la escena por su propio pie y sin que nadie se atreva a seguirlo.

Todo esto parece una película del Lejano Oeste: el torvo forajido y su banda asolando polvosos ranchos; briosos jinetes, reses nerviosas, pistolas rapidísimas y persecuciones interminables. Pero no olvidemos que se trata, en todo caso, de una película mexicana. Las viejas colonias militares establecidas desde el siglo XVIII en el norte

8

9

mexicano para combatir a los apaches —acrecentadas por el presidente Juárez en 1868— languidecían después de la derrota de los indios en 1886 sin saber hacia dónde derivar la inercia de muerte acu-
mulada en siglos. Por otro lado, según explica Friedrich Katz —e
distinguido historiador del villismo—, durante el porfiriato aparece
en el horizonte un nuevo depredador que arrebata tierra y ganado a
las colonias: la hacienda. Cuando para beneficio de la hacienda se re-
gula la venta de ganado, cunde el abigeato. Resultado: una verdadera cultura de la violencia.

La ley del revólver imperaba en ambos lados de la frontera
pero el sentido interno de esa violencia era distinto. Norteaméric
se construía agregando ambiciones individuales como en una carre-

ra de diligencias. No cabía la ambigüedad: había rancheros y ab
geos, galanes y villanos. En México, en cambio, la tradición españo
la podía anteponer un cierto sentido social a los hechos individua
les. La propiedad privada, sobre todo la ganadera, no tenía un perf
definitivamente claro y generalizado. En el Norte, por ejemplo, algu
nos sectores populares y de clase media rural resentían la expansió
territorial y ganadera de la hacienda como una injusticia globa
¿Quiénes eran los bandidos: el Gobierno y la hacienda, que prom
vían una especie de "cercado ganadero", o los rancheros, que desd
tiempos coloniales habían dispuesto con libertad del ganado? En lo
Estados Unidos, los héroes fueron cazadores de indios como Buffa

12. Una escena de *La vida del general Villa,*
película dirigida por William Christy Cabanne (1914).
13. La hacienda expansiva.

14

16

15

Bill o el general Custer, o *sheriffs* legendarios como Wyatt Earp, terror de los abigeos. Guardianes todos de la propiedad privada… del hombre blanco. En México, los héroes roban a los ricos para dar a los pobres: es el caso de Chucho *el Roto*, Heraclio Bernal —*el Rayo de Sinaloa*— y Pancho Villa. El propio Reed pudo verificar la vertiente magnánima del bandido cuyas "leyendas cantan los pastores en sus hogueras, por las noches, en las montañas, repitiendo versos aprendidos de sus padres o improvisando otros nuevos". En aquellos artículos Reed llamó a Villa "el Robin Hood mexicano".

14. Familia en el Lejano Oeste.
15. El apache Gerónimo.
16. Forajido.

Nunca negó Villa su vida de bandidaje, pero es probable que antes de la Revolución la haya ejercido con un propósito distinto —o complementario, si se quiere— al del provecho individual. Si hubiera sido un poeta, habría escrito, como Heraclio Bernal: "Nocivo sin conocerla/ he sido a la sociedad./ Pero yo siempre he querido/ pertenecerle en verdad./ Pero no lo he conseguido." Fue un bandido de película, pero de una película inimaginable en Estados Unidos: un bandido justiciero. El adjetivo no atenúa ni omite la ferocidad del sustantivo, pero le confiere un matiz social y, en su momento, revolucionario.

17-21. 1911, 1915, 1923, 1920, c1921.

17

18

19

EL CULPABLE

El Jefe de la División del Norte, quien convertido en temible guerrillero asaltó la población de Columbus y combatió tanto a soldados constitucionalistas como a norteamericanos, motivando la expedición del Gral. Pershing.

El redentor

EL MOMENTO llegó poco antes de la muerte de Re
za. En el hotel Palacio de Chihuahua, Francisco Vi
lla conoce a Francisco Madero. Entre lágrimas le
cuenta sus andanzas, le da razones, se confiesa. Ma
dero le otorga una confianza absoluta, justifica su
pasado y lo absuelve. Villa —escribe Puente— "ha
pensado en la Revolución como algo que lo va a re
dimir, que va a redimir a su clase", a su "pobre raza". Aquellos 1
años de bandidaje le daban un inmejorable conocimiento del terreno
y le habían enseñado "más de una treta". Ahora podía usar "eso
conocimientos para la causa del pueblo".

La Revolución maderista comienza a revelar su genio. En La
Escobas engaña a las tropas del general Navarro poniendo sombre
ros sobre estacas para simular un contingente mayor. Con poca gen
te, pero propia y equipada, se distingue en San Andrés, Santa Rosa
lía y la toma de Ciudad Juárez. Orozco lo considera un "buen pela
do". Juntos reclaman a Madero que no fusile al general Navarro. Se
gún *El Paso Morning News* Villa amenaza a Madero y lo encañona,
lo que Madero responde: "Soy su jefe, atrévase a matarme, tire."
Aunque Villa llora y pide perdón, en el fondo piensa que Madero de

22. Villa y el redentor en Ciudad Juárez.

23

bería "ahorcar a esos curritos", es decir, a los españoles. Por lo pronto pone el ejemplo y mata a quemarropa a José Félix Mestas, ex funcionario de Díaz, de 60 años de edad. A pesar de estos y otros incidentes violentos, cuando triunfa la Revolución Madero lo indemniza con 15 mil pesos, dinero que le servirá para abrir una carnicería.

La bondad de aquel hombre que le había perdonado todo, hasta el amago contra su vida, lo marcó para siempre. Orozco lo incita a rebelarse, pero sólo logra incorporarlo de nueva cuenta a las filas maderistas, en ese momento federales. Al mando de una brigada de 400 jinetes se pone a las órdenes del general Victoriano Huerta, quien le respeta la investidura de brigadier honorario. Rápidamente aprende las artes de la guerra, las formaciones, los simulacros. Huerta se admira de sus durísimas cargas y comienza a temerle. En Jiménez aprovecha un pretexto baladí para atribuirle insubordinación y formarle un consejo de guerra. Villa es condenado a muerte. Ante el pelotón de fusilamiento que ya prepara sus armas, Villa se arroja al suelo, llora, implora. Milagrosamente Raúl Madero llega a tiempo para salvarlo. Un telegrama del presidente conmuta definitivamente la pena de muerte por cárcel: una nueva deuda de Villa con su redentor.

En la Penitenciaría conoce a Gildardo Magaña. El joven zapatista le enseña a leer y escribir y lo pone al tanto del Plan de Ayala.

24

23. Francisco I. Madero antes de la caída de Ciudad Juárez.
24. Batallón irregular, a sus lados Calixto Contreras y Tomás Urbina.

25

26

27

En junio de 1912 ingresa a la prisión de Santiago Tlatelolco, donde el general Bernardo Reyes le da rudimentos de instrucción cívica e historia patria. En diciembre de 1912 convence al joven escribiente Carlos Jáuregui de colaborar en su fuga. Una pequeña lima y una gran sagacidad hacen el trabajo. Villa y Jáuregui emprenden un largo trayecto que en enero de 1913 los lleva a El Paso, Texas.

Al consumarse el asesinato de Madero y Pino Suárez, Villa se acerca en Tucson a los sonorenses José María Maytorena y Adolfo de la Huerta. Ambos lo proveen modestamente para la rebelión. En abril de 1913, con nueve hombres, unas cuantas mulas de carga, dos libras de azúcar, un poco de sal y café, entra a México para vengar la muerte de su redentor. Toda su furia es justificada. "Los soldados —recuerda Puente— parece que lo esperan por legiones."

25. Con Victoriano Huerta y Emilio Madero en la campaña contra Orozco.
26. Prisión militar
27. "Diles que no me maten."
28. ..."toda su furia justificada"...

El Centauro fílmico

A MEDIADOS de 1913 nada presagiaba el triunfo de los ejércitos constitucionalistas al mando del Primer Jefe Venustiano Carranza. Pablo González y Lucio Blanco actuaban alrededor de Monclova y Matamoros; Álvaro Obregón, con mayores frutos, avanzaba en Sonora. Aunque en Chihuahua el jefe designado por Carranza es Manuel Chao, Villa unifica el mando: en meses su contingente ha crecido de 8 hombres a nueve mil. A fines de septiembre de 1913, cuando después de un acoso inútil a Torreón —corazón del sistema ferroviario— Carranza peregrina hacia Sonora, Villa integra definitivamente su División del Norte. En pocos días captura por primera vez Torreón y se hace de los trenes que permitirán la rápida y racional circulación de sus tropas. A mediados de noviembre intenta sin éxito tomar Chihuahua, pero sobre la marcha concibe su primera acción deslumbrante: la toma de Ciudad Juárez. Es su entrada no sólo a una aduana de los Estados Unidos sino a un escenario mayor: la historia mexicana y, por momentos, la celebridad mundial.

29. El Robin Hood mexicano.
30. Villistas en San Andrés, Chih., en 1913.
31. Ciudad Juárez hacia 1884.

30

31

Acción de película. Mientras una parte de los efectivos distrae al enemigo en las afueras de Chihuahua, la otra, al mando de Villa, intercepta y descarga dos trenes de carbón en la estación Terrazas. Sus hombres abordan los vagones y la caballada los sigue por fuera, rumbo a Ciudad Juárez. En cada estación a partir de Terrazas, Villa apresa al telegrafista y pide instrucciones a la base de Ciudad Juárez, fingiéndose el oficial federal a cargo de los convoyes. Una y otra vez aduce imposibilidad de seguir su trayecto hacia el Sur y una y otra vez se le ordena el repliegue al Norte. La noche del 15 de noviembre de 1913, mientras los federales dormían a pierna suelta o se solazaban en las casas de juego, una señal luminosa anuncia el asalto. En un santiamén las tropas villistas toman el cuartel, la jefatura de armas, los puentes internacionales, el hipódromo y las casa de juego. Los periódicos norteamericanos y la opinión pública se sorprenden ante la increíble acción. En Fort Bliss, el general Scott la compara con la guerra de Troya.

32

32. Un villista apunta a Torreón en 1913.
33. Tierra Blanca, 24 de nov. de 1913.

34

Pero no sólo Troya estaba en el repertorio instintivo de Villa: también Cartago. "Me gustan aquellos llanos para una gran batalla", había comentado a su fiel amigo Juan Dozal días antes del combate de Tierra Blanca, librado del 23 al 25 de noviembre. Cinco mil "colorados" de las tres armas detienen sus trenes en plena llanura, rodeados de arenas blandas. Seis mil villistas los vigilan desde los montes. Villa ha asegurado el suministro de agua, pan, pastura, municiones y ametralladoras manteniendo fluida su comunicación ferroviaria con Ciudad Juárez. Un carro hospital atendería a los heridos. Reed describe el momento: "Villa abrió fuego desde la mesa con sus grandes cañones. Sus salvajes y endurecidos voluntarios se lanzaron contra los soldados bien entrenados." Villa mismo encabeza la carga general de caballería. Los "colorados" bajan infructuosamente su artillería. Villa les corta la retirada y los federales quedan varados a merced de los revolucionarios. Aquellos blandos arenales fueron el escenario de una carnicería: mil muertos y un botín inmenso. Al poco tiempo, en las plazas de Chihuahua se escuchó la *Marcha de Tierra Blanca*. En los Estados Unidos es noticia de ocho columnas: *"Pancho Villa rides to victory."*

Los federales de Chihuahua evacuan la plaza rumbo a Ojinaga. Hay terror y saqueos. Villa entra a Chihuahua. El 8 de diciembre asume la gubernatura del estado. Permanecería en ese puesto por un mes. El 10 de enero reduce el último bastión federal del estado en Ojinaga.

El 17 de enero sostiene una conversación telegráfica con Carranza en la que predomina la cordialidad. "Después de saludar" a

34. Con Rodolfo Fierro, José Rodríguez y un corresponsal de la Prensa Asociada el 15 de noviembre de 1913.

35. Preparativos para la toma de Chihuahua el 11 de noviembre de 1913.
36. Ojinaga en la mira.
37. Pancho Villa *superstar*.
38. Raoul Walsh como Villa en *La vida del general Villa* (1914), película dirigida por William Christy Cabanne.

su "estimado jefe" con "el respeto y cariño de siempre", le da una muestra palpable de lealtad.

Como usted sabe, soy hombre que obedece sus órdenes. La carta que usted me mandó referente a que se quedará el general Chao como gobernador, aunque era una carta iniciativa, comprendí que era una orden de usted.

Pero no quedaban ahí las pruebas: "no sólo cientos sino millones de cartuchos" tenía en su poder junto con 38 cañones, todo a disposición del jefe. "De faltarnos usted —agregaba humildemente— yo no sé qué haríamos." Por su parte, Carranza contestó con amabilidad anunciándole que en la próxima campaña del Sur Villa sería uno de sus "principales colaboradores".

Por esos días ocurrió un hecho previsible: aquella figura de película atrajo la atención de los productores de películas. El 3 de enero de 1914 "el Robin Hood mexicano", el fiero jinete tan parecido a los del Lejano Oeste, el "futuro pacificador de México" siempre respetuoso de las propiedades norteamericanas, firma con la Mutual Film Corporation un contrato de exclusividad por 25 mil dólares para filmar las gestas de la División del Norte. Villa se comprometía a desplegar sus batallas durante el día, prohibir la entrada a camarógrafos ajenos a la Mutual y, en su caso, simular combates. Por su parte la Mutual proveería vituallas y uniformes. Así se rodaron miles de pies e incluso varias películas de ficción. Raoul Walsh, que actuó como el Villa joven en la película *The life of General Villa*, recordaba en 1967:

Pagamos a Villa 500 dólares en oro para filmar sus ejecuciones y batallas. Día tras día intentamos filmar a Villa cabalgando hacia la cámara pero golpeaba a su caballo con el fuete y las espuelas con una fuerza tal, que pasaba a 90 millas por hora. No sé cuántas veces le repetimos: "Señor, despacio por favor, despacio." En las mañanas logramos que pospusiera las ejecuciones de las cinco a las siete para que hubiese buena luz.

El 9 de mayo de 1914 se exhibió en el Lyric Theater de Nueva York *La vida del general Villa*, en la que aparecían algunas escenas con Villa de carne y hueso. El libreto debió conmoverlo: dos tenientes abusan de su hermana; él mata a uno pero el otro escapa; Villa declara la guerra a la humanidad; en el Norte estalla la Revolución, Villa captura ciudad tras ciudad, llega a la capital, encuentra al teniente, lo estrangula. Y —final feliz— llega a la presidencia. Su leyenda recorre el mundo: Pancho Villa *superstar*.

Su carrera militar fue aún más exitosa que su carrera fílmica. En marzo de 1914 emprende su marcha hacia el Sur. Cuenta con un

40

La poderosa artillería de la División del Norte, que comandaba el general Felipe Ángeles, bombardeando la plaza fuerte de Torreón, en poder del general José Refugio Velasco, jefe del ejército federal que resistía fieramente en La Laguna los ataques vigorosos de los revolucionarios de Pancho Villa, que en 1914, cayó definitivamente en el control de la Revolución acaudillada por don Venustiano Carranza. Las piezas fotografiadas son de ochenta y setenta y cinco milímetros.

41

◄
39. Todo esto se lo quitamos a los pelones.
40. Rumbo a Torreón.
41. Artillería en el ataque a Torreón.

ejército impresionante: un tren hospital para 1 400 heridos y 16 m hombres perfectamente equipados. Para su inmensa fortuna, ade más de sus fieles —Eugenio Aguirre Benavides, Toribio Ortega Orestes Pereyra, José Rodríguez— se le ha incorporado un hombr por el que llegaría a sentir veneración: Felipe Ángeles, el brillantísi mo general y maestro, experto en matemáticas y en balística per sobre todo en comprensión humana. A principios de abril, en una d las batallas más intensas de la Revolución el ejército villista tom Torreón a sangre y fuego. La toma no es un ejemplo de precisió sino de empuje. Reed escribe:

Villa es la Revolución. Si muriera estoy seguro de que los constitucionalistas no avanzarían más allá de Torreón en todo un año.

En abril cae San Pedro de las Colonias. En mayo se libra la batalla de Paredón. Vito Alessio Robles la describe con asombro:

Un huracán de caballos pasa raudo por nuestros flancos. Es un espectáculo grandioso. Seis mil caballos envueltos en una nube de polvo y sol... el combate ha terminado sin que nuestra artillería hubiera tenido ocasión de quemar un solo cartucho.

En Paredón, Ángeles intercede ante Villa y salva la vida de dos mil prisioneros; lo haría muchas veces más.

Para el *Army & Navy Journal* "Villa es un genio militar...; tiene una admirable personalidad que atrae al soldado mexicano. Indudablemente bravo, es un tigre cuando se exalta (pero sabe también ser) ordenado..., en caso de guerra con Estados Unidos será el comandante en jefe... Se cree que se convertirá en el dictador del país entero". Los norteamericanos tomaban sus precauciones, pero Villa no los atacaría, a pesar de la invasión a Veracruz en abril de 1914.

El fervor villista alcanza —según Reed— niveles de idolatría. Rafael F. Muñoz describió lo que debió ser el sentimiento general en la División del Norte:

42. El joven Felipe Ángeles.
43. El joven Rodolfo Fierro.

44

Rodeaban las ciudades por más grandes que fueran, inundaba
las ciudades por más extensas. Se movía arrojando entre lc
borbotones de sangre gritos de entusiasmo. Se caía viendo a lo
otros avanzar. Antes de nublarse para siempre, los ojos queda
ban deslumbrados por la victoria.

Entonces sobrevienen las primeras fricciones serias entr
Villa y Carranza. Su entrevista personal en Chihuahua fue desastro
sa. Había ocurrido ya el asesinato de William Benton, ranchero in
glés con quien Villa había tenido varios enfrentamientos antes d
que Rodolfo Fierro, su pistolero favorito, lo ultimara a mansalv
Factores de toda índole los separaban. Carranza no soportaba la a

45

46

itrariedad de Villa. Lo consideraba inmanejable. Villa resentía la mbiciosa frialdad del Primer Jefe, su mirada oblicua detrás de sus ntiparras. ¡Qué diferencia con Madero! —debió pensar. Carranza o era un amigo: era un rival.

Pero el verdadero distanciamiento ocurre en vísperas de una atalla decisiva: la de Zacatecas. Carranza ordena que las fuerzas de atera y los Arrieta ataquen la plaza. Villa lo desobedece: "Nomás ra meter gente al matadero" —le informa telegráficamente. La Diisión estaba acostumbrada a vencer junta. Carranza trata a Villa de disciplinado y Villa estalla: —Quién le manda a usted meterse en rreno barrido.

Aunque Villa renuncia "para no dar sospechas de ambición" y

44-46. Filmando a Villa: "Señor, despacio por favor, despacio".

47

48

Carranza acepta su renuncia "con sentimiento", es Villa quien s
impone. Ángeles redacta una renuncia masiva. Todos los generale
la apoyan. Carranza los ha cercado y al cercarlos los libera. Sin aut
rización abierta de Carranza confirman a Villa como el comandan
en jefe y marchan, más unidos que nunca, hacia Zacatecas. El 23 c
junio, luego de once días de una batalla por nota, Felipe Ángeles e
cribe:

Y volví a ver la batalla condensada en un ataque de frente de l
dos armas en concierto armónico, la salida del sur tapada y
reserva al este, para dar el golpe de maza al enemigo en derrot
Y sobre esa concepción teórica que resumía en grandes line
mientos la batalla, veía yo acumularse los episodios que m
gratamente me impresionaron: la precisión de las fases; el ím
petu del ataque; el huracán de acero y plomo; las detonacion
de las armas multiplicadas al infinito por el eco que simulal
un cataclismo; el esfuerzo heroico de las almas débiles pa
marchar encorvadas contra la tempestad de la muerte; l
muertes súbitas y trágicas tras las explosiones de las granada

los heridos heroicos que como Rodolfo Fierro andaban cho-
rreando en sangre, olvidados de su persona, para seguir colabo-
rando eficazmente en el combate; o los heridos que de golpe
quedaban inhabilitados para continuar la lucha y que se aleja-
ban tristemente del combate, como el intrépido Trinidad Rodríguez, a quien la muerte sorprendió cuando la vida le decía
enamorada: "no te vayas, no es tiempo todavía". Y tantas y
tantas cosas hermosas. Y, finalmente, la serena caída de la tarde, con la plena seguridad de la victoria que viene sonriente y
cariñosa a acariciar la frente de Francisco Villa, el glorioso
y bravo soldado del pueblo.

Ni sus más enconados detractores han podido negar un hecho:
sin el empuje de Villa y su División del Norte, es impensable la derrota de Victoriano Huerta tal como ocurrió. Era, en verdad, el
"brazo armado de la Revolución".

47. Zacatecas hacia 1884.
48. El pobre Benton.
49. Pánfilo Natera.
50. En la gloria.

Reformador social

¿PUEDE hablarse de una utopía en Villa? La respuesta es ambigua. No, si se piensa en su falta de un plan orgánico como el de Ayala. Sí, si se atiende a su efímera gubernatura en el estado de Chihuahua. Sobre la marcha Villa descubrió el perfil de *su* paraíso terrenal y lo puso en práctica con la rapidez y decisión de una carga de caballería. Es entonces cuando toma su primera medida: confiscar los bienes de los potentados chihuahuenses enemigos de la Revolución. Los Terrazas, Creel y Falomir debían "rendir cuentas ante la vindicta pública". Mediante denuncias, amenazas y torturas, los villistas acaparan tesoros visibles y desentierran invisibles. Pero Villa no utiliza los fondos en su provecho personal: confisca los bienes "para garantizar pensiones a viudas y huérfanos, defensores de la causa de la justicia desde 1910". Los fondos se emplean también para crear el Banco del Estado de Chihuahua. Su capital inicial de 10 millones de pesos garantiza las emisiones de papel moneda cuya circulación es forzosa. Du-

51. El bandido generoso.
52. Familia en la frontera en 1914.

53

rante todo el año de 1914, por lo menos, el dinero villista se cotiz:
con regularidad. Su mayor soporte no es el metálico en las arcas de
banco sino la palabra y la fuerza de Villa.

"El socialismo... ¿es una cosa?", preguntó alguna vez Villa :
Reed. Aunque ignorara esa "cosa", su utopía tenía leves rasgos so
cialistas. El propio Reed calificó aquel gobierno como "socialism
de un dictador":

> Su palabra puede ser la vida o la muerte. No hay derecho de *ha*
> *beas corpus*. En la medida en que conserve su gobierno y se abs
> tenga él mismo de robar, sus planes socialistas tendrán que se
> útiles al pueblo.

Y lo fueron, en cierta medida. Secundado por su hábil secreta
rio Silvestre Terrazas, Villa se reveló como un férreo administra
dor. Logró abaratar los productos de primera necesidad, organizó s
racionamiento y distribución, castigó con la muerte abusos y exac
ciones y puso a todo su ejército a trabajar en la planta eléctrica, lc
tranvías, los teléfonos, los servicios de agua potable y el mataded
de reses.

54

57

58

Una de las facetas más personales de *su* socialismo se manifestaba con los niños: amaba a los propios y los ajenos, recogía, por centenares, a los desamparados y costeaba su educación. Durante su breve gobierno contrató maestros jaliscienses y abrió varias escuelas a las que solía acudir —como un niño más— en tiempos de fiesta o en certámenes. Sus planes educativos incluían una universidad militar para cerca de cinco mil alumnos y una escuela elemental en cada hacienda.

Villa había descubierto una utopía personal, la proyección candorosa de su universo mental y moral. Reed recogió en aquel momento palabras que equivalen a una revelación:

Quiero establecer colonias militares por toda la República para que ahí vivan quienes han peleado tan bien y tanto tiempo por la libertad. El Estado les dará tierras cultivables... trabajarán tres días a la semana y lo harán duramente porque el trabajo es más importante que pelear y sólo el trabajo honrado produce

◄
56. Apoteosis villista en Chihuahua.
57. Con uno de sus hijos.
58. Austreberta Rentería viuda de Villa con sus hijos Francisco e Hipólito.

buenos ciudadanos. Los tres días restantes recibirán instrucción militar que luego impartirán a todo el pueblo para enseñarlo a pelear. Así, si la patria es invadida, sólo tendríamos que llamar por teléfono a la Ciudad de México y en medio día todo el pueblo de México se levantaría para defender a sus hijos y sus hogares. Cualquiera que en la República lo desee tendrá un pedazo de tierra suyo. Deben desaparecer para siempre las grandes haciendas. Habrá escuelas para cada niño mexicano. Primero deben existir los medios para que nuestro pueblo viva, pero las escuelas son lo que está más cerca de mi corazón.

Para mí mismo, mi única ambición es retirarme a una de las colonias militares y ahí cultivar maíz y criar ganado hasta que me muera entre mis compañeros que han sufrido tanto conmigo.

Su principal preocupación son sus "muchachitos", los niños y su "pobre raza". Su utopía habla vagamente de la tierra, pero no con el sentido religioso de los zapatistas, sino de un patrimonio o una empresa individual. En la Arcadia de su imaginación, la vida transcurría en el campo rodeado de pupitres y fusiles. México sería una inmensa y fértil academia militar.

59. "Como un niño más"

Dualidad

A FINES DE 1913 John Reed lo ve por primera vez: "Es el ser humano más natural que he conocido, natural en el sentido de estar más cerca de un animal salvaje. Casi no dice nada y parece callado... desconfiado... Si no sonríe da la impresión de amabilidad en todo menos en sus ojos inteligentes como el infierno, e igualmente inmisericordes. Los movimientos de sus piernas son torpes —siempre anduvo a caballo— pero los de sus manos y brazos son sencillos, graciosos y directos... Es un hombre aterrador."

La palabra "fiera" o "felino" se encuentra en muchas descripciones de quienes lo conocieron. Martín Luis Guzmán: "su alma, más que de hombre, era de jaguar"; Mariano Azuela: "cabeza de pelo crespo como la de un león"; Vasconcelos: "fiera que en vez de garras tuviese ametralladoras, cañones". De aquella fiera lo más perturbador eran los ojos. Vasconcelos y Puente los recuerdan

60. "...'su alma, más que de hombre, era de jaguar'..."
61. "Fierro, con su mirada errante y su mano fría, es el mal"

"sanguinolentos"; para Rafael F. Muñoz "desnudaban almas"; Mariano Azuela los vio "brillar como brasas". Pero es Martín Luis Guzmán quien ve mejor esa mirada:

> sus ojos siempre inquietos, móviles siempre como si los sobrecogiera el terror... constantemente en zozobra... (Villa es una) fiera en su cubil, pero fiera que se defiende, no que ataca.

Esta caracterización del Villa defensivo concuerda con su vida de bandido a salto de mata, perseguido, acorralado, durmiendo a deshoras donde le viene en suerte, caminando de noche, reposando de día, incontinente sexual, diestro, agazapado, en espera siempre de dar el zarpazo, el albazo. Fiera acosada por su propia desconfianza:

> Lo he visto —recuerda Reed— fusil en mano, echarse una manta sobre los hombros y perderse en la oscuridad para dormir solo bajo las estrellas. Invariablemente en las mañanas, reaparece viniendo de una dirección distinta, y durante la noche se desliza silenciosamente de centinela en centinela, siempre alerta... si descubría un centinela dormido, lo mataba inmediatamente con su revólver.

En diez años de su vida, Pancho Villa se ha convertido en figura gigantesca. Empezó peleando al lado de D. Francisco Madero, como uno de tantos; fue jefe de guerrilla; fue coronel; llegó a general. Hizo de las caballerías el poder sorprendente en la guerra civil mexicana; organizó una división. Los hombres creyeron en él como se cree en el fuerte. El poeta le llamó "bandido divino"; fue el dueño de casi todo el territorio nacional; sin ocupar la silla presidencial, fue más que Presidente y más que Primer Jefe. Después de diez años de pelear, se retiró a vivir la vida de un buen ranchero; recordando sus hazañas y pensando quizás en otras nuevas, decía a

Dos prótesis vitales armaban su naturaleza: el caballo y la pistola. Imposible "navegar" —como solía decir— sin el caballo, imposible imaginar un Villa sedentario o a pie. El caballo permitía la persecución o la huida, era el capítulo anterior o posterior a la muerte. Y la muerte era la pistola. Martín Luis Guzmán vio una ecuación entre pistola y mirada:

La boca del cañón estaba a medio metro de mi cara. Veía yo brillar por sobre la mira los resplandores felinos del ojo de Villa. Su iris era como de venturina: con infinitos puntos de fuego microscópicos. Las estrías doradas partían de la pupila, se transformaban en el borde de lo blanco en finísimas rayas sanguinolentas e iban desapareciendo bajo los párpados. La evocación de la muerte salía más de aquel ojo que del circulito obscuro en que terminaba el cañón. Y ni el uno ni el otro se movían en lo mínimo: estaban fijos; eran de una pieza. ¿Apuntaba el cañón para que disparara el ojo? ¿Apuntaba el ojo para que el cañón disparase?

No era el ojo el que apuntaba, era el ser completo de Villa:

62-65. "…'sus ojos siempre inquietos, móviles siempre como si los sobrecogiera el terror'…"

Este hombre no existiría si no existiese la pistola... La pistola no es sólo su útil de acción. Es su instrumento fundamental; el centro de su obra y su juego; la expresión constante de su personalidad íntima; su alma hecha forma. Entre la concavidad carnosa de que es capaz su índice y la concavidad dirigida del gatillo hay una relación que establece el contacto de ser a ser. Al hacer fuego no ha de ser su pistola quien dispara, sino él mismo: de sus propias entrañas ha de venir la bala cuando abandona el cañón siniestro. Él y su pistola son una sola cosa. Quien cuente con lo uno contará con lo otro y viceversa. De su pistola han nacido y nacerán, sus amigos y sus enemigos.

Pero aquella fiera era también un ser humano sentimental y plañidero, piadoso con el débil, tierno con los niños, alegre, cantador, bailarín, abstemio absoluto, imaginativo, hablantín. Aquella fiera no era siempre una fiera. Era, en el sentido estricto, centauro. Según Puente, su biógrafo fiel, Villa era presa de una enfermedad: la epilepsia. Rehuía, en todo caso, una definición unívoca:

Si se me pidiese una definición de Pancho Villa —escribió el cónsul inglés Patrick O'Hea, un hombre muy crítico de Villa—

66. "Aquella fiera no siempre era una fiera".
67. El ojo y la bala.
68. "...era también un ser humano sentimental y plañidero..."

mi respuesta sería ¿cuál de todos? Porque el hombre mudaba al ritmo de sus éxitos o fracasos. Multiplíquense éstos por su fiera reacción ante cualquier obstáculo; sus reprimendas salvajes contra los enemigos; la vileza indecible de sus lugartenientes al lado de la excelente calidad de algunos de sus consejeros civiles y militares; su magnanimidad con los pobres, su eterna desconfianza, su candor ocasional... y de ese modo, quizá, podrá descubrirse al hombre como nunca pude yo.

O'Hea vio multiplicidad donde había una forma de "dualidad".

La "dualidad" de Villa —explica Silvestre Terrazas— se patentizaba plenamente, quizá por su agitación belicosa en un instinto destructor, como iconoclasta de vidas y haciendas... pero a la vez, en sus treguas, mostraba un espíritu reconstructor moral y material que lo obsesionaba. (Tenía) una sed insaciable en pro de la instrucción popular.

También Martín Luis Guzmán ve el elemento casi mítico que fue la clave profunda de su inmenso arraigo popular, la dualidad del héroe que encarna, a un tiempo, venganza y esperanza, destrucción y piedad, violencia y luz:

67

68

formidable impulso primitivo capaz de los extremos peores
aunque justiciero y grande, y sólo iluminado por el tenue rayo
de luz que se colaba en el alma a través de un resquicio moral
difícilmente perceptible.

Villa era impulsivo, cruel, iracundo, salvaje, implacable, incapaz de
"detener la mano que ha tocado la cacha de la pistola". Pero tam
bin podía ser generoso, pródigo, suave, piadoso. Su voz, contradic
toria de su imagen, era delgada. Puente lo vio "estremecerse en pre
sencia de los libros como si fuera algo sagrado", dar una orden in
justa, desdecirse, arrepentirse, dudar, llorar: sentir el desamparo
propio de la ignorancia.

Una expresión de dualidad sobre la que se han escrito cientos de
páginas y podrían escribirse más, es su actitud ante la mujer. Según
Soledad Seáñez —una de sus últimas y más bellas esposas— "Fran
cisco era terrible cuando estaba enojado pero tiernísimo cuando an
daba de buenas". En muchos casos Villa respetó las formas de
amor, desde la conquista hasta la separación, de un modo casi gallar
do, caballeroso y paternal. Sus raptos no eran enteramente anima
les: quería que lo quisieran, cortejaba con imaginación, y consintió
decenas de veces en casarse, aunque consumada la unión rompía los
libros de actas.

En muchos otros casos su comportamiento fue atroz. Alguna vez
que interceptó una carta quejumbrosa en la que su joven amada Jua
na Torres lo llamaba bandido y otros calificativos semejantes, hizo
que ella la leyera en su presencia, castigándola, en cada epíteto, cor

un escupitajo en la cara. Cuando menos dos de sus esposas terminaron sus días prematuramente en el destierro.

Pero la prueba biográfica decisiva con respecto a su dualidad está en los dos hombres más cercanos a Villa, prolongaciones equidistantes y extremas de su naturaleza: Rodolfo Fierro y Felipe Ángeles.

En el reverso de una postal enviada a su mujer en 1912, momentos antes de lanzarse a la bola, Rodolfo Fierro —o Fierros como quizá se apellidaba— escribe las pragmáticas razones de su decisión:

> Recibe ésta como un recuerdo de quien se lanza al peligro únicamente para buscar recursos y poder algún día evitar tus sufrimientos.

Fierro era una fiera sin más. Todos coinciden en hablar de su "hermosura siniestra" —era más alto que Villa. La tropa lo llamaba *el Carnicero*. Reed describe así al "hermoso animal":

> En las dos semanas que estuve en Chihuahua dio muerte a sangre fría a quince ciudadanos indefensos. Sin embargo existía una curiosa relación entre Villa y él. Fierro era su mejor amigo; y Villa lo quería como a un hijo y siempre lo perdonaba.

Martín Luis Guzmán dejó una aterradora estampa de Fierro en "La fiesta de las balas". O'Hea recuerda el placer con que mataba a indefensos, a supuestos espías o críticos del villismo. Fue Fierro quien mató a Benton por creer que el inglés intentaba sacar su pistola, cuando en realidad quería sacar un pañuelo para secarse el sudor de la frente: una "pura mala inteligencia", comentó.

Silvestre Terrazas objetó siempre la confianza ciega de Villa en Fierro y su nombramiento de superintendente general de los Ferrocarriles. A la salida de una fiesta en honor de Fierro, Terrazas presenció esta escena:

70

70. El Carnicero Fierro, herido.

71

71. Con Raúl Madero. Atrás *el Carnicero* Fierro prende su puro.
72. Un idealista. El doctor Manuel Silva.
73. Hombres puros. Roque González Garza.

...en una de esas fiestas, el Gral. Fierro bebió más de lo regular, despidiéndose a altas horas de la noche, y a pocos pasos se encontró con uno de los más conocidos empleados del Ferrocarril, que se dirigía a la reunión, a una cuadra del Templo del Santo Niño, en plena obscuridad. Fierro, posiblemente por la falta de luz y por el estado de ebriedad en que iba, ni siquiera supo de quién se trataba, pero sin cruzarse una sola palabra, sacó su pistola y disparó tan certeramente, que la víctima pasó instantáneamente a mejor vida, quedando tirada en plena calle abandonada hasta que otros compañeros que salieron al aclarar, pudieron distinguir el cuerpo yerto de aquél, al que muchos apreciaban por su intachable conducta, por sus aptitudes y su cumplimiento en el trabajo.

Esta "bestia hermosa, de maneras y gestos civilizados, de timbre suave que rehúye tonos altisonantes", este asesino fisiológicamente puro era una de las posibilidades de Villa, su instinto de muerte. "Yo sólo sé —escribió O'Hea— que este hombre, con su mirada errante y su mano fría, es el mal."

Pero Patrick O'Hea admitió también otra vertiente en Villa: la que atraía a hombres puros, a la que atraían hombres puros. La lista es larga: Díaz Lombardo, Iglesias Calderón, Bonilla, Federico y Roque González Garza, Lagos Cházaro, Luis Aguirre Benavides, Raúl, y Emilio Madero, Martín Luis Guzmán. Y tres doctores: Silva, Palacios, Puente. ¿Cómo explicar aquel recíproco magnetismo?

Cada facción revolucionaria atrajo a un tipo distinto de intelectual. Los intelectuales vinculados al zapatismo tenían raíces anarquistas o una vena de misticismo cristiano. Antonio Díaz Soto y Gama, por ejemplo, abrevaba de ambas vertientes. Al carrancismo se afilió un espectro muy amplio que va desde los liberales puros como José Natividad Macías, Luis Manuel Rojas o Alfonso Cravioto, hasta un nuevo tipo de intelectual político que intenta articular ideología y praxis revolucionaria con un nuevo cuerpo legal e institucional: Luis Cabrera, Alberto J. Pani, Isidro Fabela, Félix F. Palavicini. Al villismo, en cambio, se acercan los demócratas idealistas.

Como Villa, los idealistas detestan a los metidos en "políticas", a los "ambiciosos", a los "carranclanes". Son más realistas que los místicos del zapatismo pero menos pragmáticos que los carrancistas. Casi todos fueron fieles a Madero y ven en el villismo encabezado por ellos el germen de continuidad con un liberalismo ilustrado. Más que el reparto agrario o el problema obrero, los idealistas se

72

Archivo Fotográfico
Centro de Estudios de Historia de México
Condumex

74

74. Los místicos cristianos de Zapata en Guadalupe de Zacatecas; entre ellos Díaz Soto y Gama y el doctor Adolfo Cuarón en noviembre de 1914.

preocupan por la educación —otra coincidencia con Villa— y por la democracia.

Se acercan a Villa con la misma actitud de aquel médico ilustrado del siglo XVIII frente al _enfant sauvage_: para enseñarle lo que desde el principio de los tiempos debe y no debe hacerse. Reed entendió esa tentación: "Toda la compleja estructura de la civilización era nueva para él. Para explicarle algo había que ser filósofo." Por su parte, Villa buscaba su apoyo, se aprendía de memoria pasajes de la Constitución, y no perdía oportunidad de pregonar con tristeza con humildad, su indefensión intelectual: "Sería malo para México que un hombre sin educación fuera su presidente."

Martín Luis Guzmán encarna puntualmente al idealista preceptor, dueño de la "idea creadora" de la Revolución:

Villa, que parecía inconsciente hasta para ambicionar, ¿subordinaría su fuerza arrolladora a la salvación de principios para é acaso inexistentes e incomprensibles?... O Villa se somete aun no comprendiéndola bien, a la idea creadora de la Revolución y entonces él y la verdadera Revolución vencen, o Villa no sigue sino su instinto y entonces él y la Revolución fracasan.

Aunque Villa nunca se plegó por entero a los dictados de sus receptores y los tildó, a veces, de "engordadores di oquis", en cada uno de ellos debió ver un Madero potencial. Pero muerto Madero necesitaba creer en un hombre que aunara la pureza y la autoridad. Lo encontró en la contraparte de Rodolfo Fierro: Felipe Ángeles.

A los ojos de Villa, Felipe Ángeles era el hombre pleno y cabal: militar y académico. Según Martín Luis Guzmán, Villa sentía por Ángeles una "admiración supersticiosa". Sabía de los terribles momentos que Ángeles había vivido junto a Madero y Pino Suárez; conocía la benevolencia de su trato a los zapatistas; admiraba su amor por la música y los libros, su honradez, su sensibilidad a las causas populares, su piedad. ¿Cuántas veces escucharía la prédica de Felipe Ángeles?:

> la Revolución se hizo para librarnos de los amos, para que vuelva el gobierno a manos del mismo pueblo y para que éste elija en cada región a los hombres honrados, justos, sensatos y buenos que conozca personalmente y los obligue a fungir como sirvientes de su voluntad expresada en las leyes, y no como sus señores.

Era la misma voz de Madero, pero en un hombre distinto: supremo artillero y técnico de la guerra. Ángel armado, llevaba en una

75. Felipe Ángeles, su tregua luminosa.
76. Rodolfo Fierro, su instinto de muerte.
77. El ángel con sus cocineras en Cuernavaca en noviembre de 1914. ▶

79

78. Villa conocía la benevolencia de su trato
a los zapatistas.
79. Vínculo efímero del fierro y el ángel.
80. Villa en su apogeo.

mano la espada y en la otra la balanza. Villa lo estimaba tanto qu
—según Valadés— bautizó a un hijo de Ángeles para así "tener l
confianza de llamarlo compadre". No es causal que Angeles fues
el candidato presidencial que Villa propondría, meses después, a l
Convención de Aguascalientes. Este Madero fuerte, este Mader
militar fue la otra posibilidad de Villa, su tregua luminosa.

Dualidad sugiere esquizofrenia. Sería inexacto atribuirla a Franci
co Villa. Aunque sus dos facetas se alternaban, su rasgo íntimo n
era la división sino la tensión. Su instinto predominante era obed
cer a sus impulsos, obedecerlos instantáneamente y salvajemen
Pero por momentos algo lo impulsaba a domarlos, a trascenderlo
Dualidad vertical. No era dos hombres: era uno solo buscando el
varse hacia una síntesis.
    Una palabra bastó, por momentos, para alcanzar esa síntesis:
palabra justicia. Villa "quiere una justicia tan clara como la luz, u
justicia que hasta el más ignorante pueda aplicar". Una justicia co
vincente como la palabra de Madero. "Está inconforme con el pr
sente —escribe Reed—, con las leyes y costumbres, con la repar
ción de la riqueza... (con el) sistema..." "Sobre casi todos quisie
ejercer su justicia tremenda, justicia de exterminio, de venganza i
placable." Esta noción de justicia justifica a la fiera. Como los jin
tes del Apocalipsis, Villa no imparte justicia: la impone. No es
justo sino el justiciero: vínculo efímero del fierro y el ángel.

GRAL DE DIV.
FRANCISCO VILLA

Derrotas psicológicas

VICTORIANO HUERTA salió del país en julio de 1914. El constitucionalismo triunfante tenía frente a sí una difícil prioridad: reconciliar a Villa con Carranza. Desde Zacatecas, Villa hubiese querido seguir hasta la capital, pero los planes de Carranza eran distintos: bloqueó el envío de carbón para los trenes villistas y cedió la entrada triunfal al Ejército del Noroeste. El 15 de agosto de 1914, luego de celebrar los tratados de Teoloyucan, las tropas de Álvaro Obregón entran a la ciudad de México.

Un mes antes se había concertado en Torreón un pacto, a la postre infructuoso, entre representantes de Carranza y Villa. En agosto se recrudece una vieja pugna entre el gobernador de Sonora, José María Maytorena —compadre de Villa—, y el comandante militar carrancista: Plutarco Elías Calles. Con el propósito de conciliar a los rijosos e intentar la avenencia entre Villa y Carranza, Obregón visita Chihuahua. Los dos caudillos están frente a frente.

Villa sólo conoce dos opciones: pelear o creer. O pelear y creer:

Mira, compañerito: si hubieras venido con tropa, nos hubiéramos dado *muchos balazos*; pero como vienes solo no tienes por qué desconfiar; Francisco Villa no será un traidor. Los destinos de la Patria están en tus manos y las mías; unidos los dos,

81. Era también un campesino.
82. Huerta en El Paso en 1915.
83. José María Maytorena.

84

84. Don Venus y el compañerito Alvaro
Obregón.

en menos que la minuta domaremos al país, y como yo soy un
hombre *oscuro,* tú serás el Presidente.

Obregón sabe que el idioma universal de la política tiene más
opciones. Esquiva con prudencia a Villa, y lo escucha y observa en
silencio: "Es un hombre que controla muy poco sus nervios." Juntos viajan a Nogales y logran un acuerdo con Maytorena. Juntos en-
vían a Carranza un pliego de proposiciones para encauzar la vida
política del país. Carranza lo admite en parte, pero considera de
tal importancia su contenido que sólo una convención nacional con
todos los generales revolucionarios sería, a su juicio, la indicada
para dictaminar.

Un movimiento de Benjamín Hill, general carrancista, reaviva
la crisis de Sonora. Nuevo viaje de Obregón a Chihuahua. Más fierro que ángel, esta vez Villa lo recibe con recelo. El 16 de septiembre
de 1914, desde el balcón principal del Palacio de Gobierno, ambos
presencian el desfile militar. Obregón sabe que el despliegue busca
impresionarlo. Y lo impresiona: ha contado 5 200 hombres, cuaren-
ta y tres cañones y decenas de miles de "mauseritos". Sabe también

que si Villa sospecha de él, lo "borraría del catálogo de los vivos".
Cualquier pretexto sería bueno. Y este pretexto tan ansiado por fin
llega.

"El general Hill —exclama Villa a Obregón— está creyendo
que conmigo van a jugar... es usted un traidor a quien voy a pasar
por las armas en este momento." Obregón no accede, con claridad, a
ordenar el retiro de Hill. Villa solicita una escolta para fusilarlo. Es
entonces cuando Obregón inflige a Villa su primera derrota: una derrota psicológica. Ante la excitación de Villa responde con un aplomo que lo desarma y con argumentos que lo confunden. No lo en-
frenta: lo desarma con su propio impulso:

Desde que puse mi vida al servicio de la Revolución he conside-
rado que sería una fortuna para mí perderla... (fusilándome),
personalmente, me hace un bien, porque con esa muerte me
van a dar una personalidad que no tengo, y el único perjudica-
do en este caso será usted.

Villa duda. Una hora después retira la escolta. Más ángel que
fierro, rompe a llorar. El pálpito moral, no el cálculo político, lo
mueve a decir:

Francisco Villa no es un traidor; Francisco Villa no mata hombres indefensos, y menos a ti, compañerito, que por ahora eres
huésped mío.

85. Benjamín Hill, carrancista, reaviva la crisis de Sonora.

Obregón respira pero no se conmueve. ¿En circunstancias similares hubiera perdonado a Villa? No sin temor permanece unas horas en Chihuahua, de donde sale escoltado por los villistas José Isabel Robles y Eugenio Aguirre Benavides, con quienes intima. El tren se detiene en la estación Ceballos. En respuesta a actos de Carranza que considera hostiles, Villa ha ordenado su regreso. Obregón da nuevas muestras de sangre fría. Regresa a Chihuahua donde, de nueva cuenta, Villa está a punto de fusilarlo. Por fin le permite viajar hacia Torreón, con el propósito de detenerlo en la estación Corralitos y pasarlo por las armas. La suerte y la intervención de Robles y Aguirre Benavides evitan el desaguisado. Obregón llega sano

86. La artillería que Obregón no olvidó.
87. Duda ante Obregón.
88-90. Hablando con el compañerito Obregón en Chihuahua.
91. Incertidumbre en Aguascalientes.
92. Eugenio Aguirre Benavides.

y salvo a Torreón, y más tarde a Aguascalientes, donde el 10 de octubre la Convención inicia sus trabajos.

Días antes Villa publica un manifiesto en el que desconoce al Primer Jefe y lo acusa de prácticas antidemocráticas. Argumento paradójico, según Charles Cumberland —uno de los más agudos historiadores de la época. ¿Qué autoridad democrática podría reclamar el hombre cuyos poderes en Chihuahua habían sido casi dictatoriales? ¿Acaso había pensado alguna vez en convocar a elecciones? ¿Podía invocar las leyes el hombre que hacía gala de su desapego a la ley?

La segunda victoria psicológica de Obregón sobre Villa ocurre

88 · 89 · 90

durante la Convención de Aguascalientes. Mientras Villa amenaza con sus tropas fuera de la ciudad, y sólo acude a sellar los acuerdos con su sangre sobre la bandera, Obregón participa en los debates y gana muchos aliados, tanto en el campo villista como en el zapatista. Cuando la Convención desconoce a Carranza y designa presidente provisional, por 20 días, a Eulalio Gutiérrez, Obregón astutamente no se inclina por Carranza. Cabalga por encima de las corrientes, da tiempo al tiempo. El callejón no tiene salida: Pancho Villa no se decide a renunciar hasta no ver caído al "árbol don Venus". Carranza condiciona su renuncia a la integración de un gobierno firme que pudiera encauzar las demandas sociales de la Revolución. Eulalio Gutiérrez es quien se ve forzado a romper el equilibrio y convierte la situación de difícil en imposible: nombra a Villa general en jefe del Ejército de la Convención. Varios militares —Pablo González, Lucio Blanco, entre otros— intentan la conciliación que hubiese salvado centenas de millares de vidas. En cierto momento Villa propone una salida increíble: su suicidio y el de Carranza. Las fuerzas se reacomodan en los dos bandos. Obregón se compromete en forma definitiva con Carranza. En el horizonte apunta una guerra civil. Un diario citadino publica una caricatura alusiva: la aterrada madre —Revolución— ha parido cuates: uno con cara de Venustiano, otro con cara de Pancho. Desde la puerta del cuarto de hospital el pobre padre-pueblo exclama lleno de horror:

93. Álvaro Obregón, Eulalio Gutiérrez, Pánfilo Natera, Ramón F. Iturbe, Guillermo García Aragón y Eduardo Hay en Aguascalientes.

94

Si ya con uno no puedo,
¿dónde voy a dar con dos?

La guerra entre los cuates de la Revolución tarda algunos meses
en estallar. El gobierno de la Convención marcha a la ciudad de México. Aunque Carranza tiene, entre otros, el apoyo de Francisco
Coss —en Puebla—, Cándido Aguilar —en Veracruz—, Francisco
Munguía —en el estado de México— y de Pablo González y Álvaro
Obregón, la Convención cuenta con Zapata, Villa y varios otros generales dueños del centro, el norte y el occidente de México. Es en
este momento cumbre cuando en Xochimilco se encuentran los dos
caudillos populares de la Revolución: Villa y Zapata. Aunque la versión taquigráfica de su conversación es conocida hay en ella muchos
elementos reveladores. Zapata expresa con claridad su anarquismo
natural y su amor a la tierra.

Villa, hablantín, refleja por entero su actitud ante el poder y la
guerra. En aquel pacto de Xochimilco, Zapata y Villa buscaron ci-
mentar su triunfo, pero el tema vehemente de su conversación es
otro, el opuesto: su derrota.

Con estos hombres —dice Villa refiriéndose a los carrancistas— no hubiéramos tenido progreso ni bienestar ni reparto de

94. Nobleza de Lucio Blanco.

95

tierras, sino una tiranía en el país. Porque, usted sabe, cuando
hay inteligencia, y se llega a una tiranía, y si es inteligente la tiranía, pues tiene que gobernar. Pero la tiranía de estos hombres era una tiranía taruga y eso sería la muerte para el país.

Con todas sus letras Villa declara que el poder es para los *otros*.
Él renuncia por falta de méritos:

Yo no necesito puestos públicos porque no los sé "lidiar"...
Yo muy bien comprendo que la guerra la hacemos nosotros los
hombres ignorantes, y la tienen que aprovechar los gabinetes.

Su función y la de Zapata se limitaría a "buscar gentes" para
"aprovechar" esos puestos, pero con la condición que "ya no nos
den quehacer":

Este rancho está muy grande para nosotros; está mejor por allá
afuera.

Quería retirarse después de encarrilar "al pueblo a la felicidad". Habla de su futuro y pacífico "ranchito", de sus "jacalitos",
pero confiesa que en el norte tiene todavía "mucho quehacer". No
le interesan demasiado los del gabinete. A sus ojos su misión era
"pelear muy duro". La palabra "pelear" aparece nueve veces en la
conversación.

...yo creo que les gano. Yo les aseguro que me encargo de la
Campaña del Norte, y yo creo que a cada plaza que lleguen también se las tomo, va a parar el asunto de que para los toros de
tepehuanes los caballos de allá mismo.

96

96. En el comedor de su tren, en Aguascalientes.

97. "…'no necesito puestos públicos porque no los sé lidiar'…"

97

98. Aguascalientes. Villa firma la bandera nacional.

99. El guerrero y el guerrillero flanquean a Eulalio Gutiérrez.

100. "Quería encarrilar... 'al pueblo a la felicidad'..."

Concluida la conversación, se pasó al comedor donde se sirvió un banquete al estilo mexicano. Al final Villa pronunció unas palabras de "hombre inculto":

> Cuando yo mire los destinos de mi país bien, seré el primero en retirarme, para que se vea que somos honrados, que hemos trabajado como hombres de veras del pueblo, que somos hombres de principios.

Aquellas palabras pronunciadas en la cúspide de su poder, son más que una revelación: son un presagio, su tercera derrota psicológica. *De antemano* admite supeditarse a "los gabinetes" si "no le dan quehacer", *de antemano* renuncia a ejercer, en términos políticos, el poder. No lo mueve como a Zapata, un "anarquismo natural" sino la autodescalificación, la ignorancia. La política es para los deshonestos, los ambiciosos, los hombres sin principios. De esta visión se sigue su destino: pelear, pelear ciegamente o hasta el advenimiento de un nuevo Madero en el que pudiese creer. Una vez más la vida entre extremos: el ángel o el fierro. Pero frente a Álvaro Obregón renunciar al terreno intermedio del ejercicio político era *de antemano* renunciar a ganar en cualquier ámbito que no fuese la guerra.

101. "Ambos se sienten extraños en el corazón político de México".
102. "En el norte tiene todavía 'mucho quehacer'..."

103

Dos días después del Pacto de Xochimilco las tropas de Zapata y Villa entran a la capital. Bertha Ulloa describe la escena:

La ciudad se engalanó jubilosa el 6 de diciembre de 1914 para presenciar el desfile victorioso del ejército convencionista. Algo más de 50 mil hombres de las tres armas se concentraron en Chapultepec, y a las 11 de la mañana empezaron a avanzar por el Paseo de la Reforma. A la vanguardia iba un pelotón de caballería compuesto por fuerzas de la División del Norte y el Ejército Libertador del Sur, en seguida venían a caballo Villa y Zapata, el primero "con flamante uniforme azul oscuro y gorra bordada" y el segundo "de charro". Al llegar a Palacio Nacional subieron al balcón central y se colocaron a los lados de Eulalio Gutiérrez para presenciar el desfile. En primer término pasaron los jefes norteños, después, la infantería y la caballería zapatistas con algunas secciones de ametralladoras, luego las tropas del Norte encabezadas por Felipe Ángeles y su estado mayor, dos divisiones de infantería y diez baterías de cañones. Las tropas del Norte llevaban uniformes en color caqui pardo y sombreros de fieltro; en contraste, las del sur vestían "algodón blanco y gran sombrero de palma", pero todas bien disciplinadas, y la población las estuvo aclamando hasta después de las

103. Flirteó con María Conesa.

104

cinco de la tarde, en que concluyó el desfile. Entre los numero-
sos invitados que acudieron gustosos a Palacio, estuvieron los
diplomáticos encabezados por su decano, el ministro de Guate-
mala, Juan Ortega.

La ciudad, el Palacio Nacional, la política, es lo *otro*, es el mal.
Ambos se sienten extraños en el corazón político de México. Zapata
siente un terror místico frente a la silla presidencial. Entre carcaja-
das Villa juega la broma de su vida: se sienta en ella. Todos ríen porque todos saben que la escena es "di oquis", para los fotógrafos, para
ver cómo se ve, para ver cómo se siente. ¿Es posible imaginar en
Obregón o Carranza un desplante similar?

Sin importarle la suerte de "los gabinetes de la Convención"
—deleznable cuestión de "política"— Villa pasa festivamente sus
días en la capital: asiste a banquetes, enamora cajeras, flirtea con
María Conesa, ordena a Fierro el asesinato del joven David Berlanga
porque se atrevió a criticarlo, envía niños menesterosos de la capital
para que estudien en Chihuahua, llora a mares frente a la tumba de
Madero y pone, ya en definitiva, el nombre de su redentor a la anti-
gua calle de Plateros.

Mientras sus Dorados entonan *La Cucaracha* y *Jesusita en Chihuahua*, Villa planea la campaña final contra el carrancismo. Ignora
—ignorará siempre— el grado en que sus derrotas psicológicas pre-
pararon el terreno para las otras, definitivas.

Derrotas militares

CUANDO Villa expresaba su recelo por "los gabinetes" y las "políticas" no se refería, por supuesto, sólo a los "gabinetes y políticas" carrancistas sino a sus propios "gabinetes" surgidos de la Convención de Aguascalientes. Nunca los dejó gobernar ni desperdició oportunidad para humillarlos. A su propia contradicción con el ejercicio político se aunaba su diferencia con Zapata. El guerrero Villa quería ver más agresivo militarmente al guerrillero Zapata. Pero Zapata no peleaba fuera de su territorio morelense ni por pelear, sino por el Plan de Ayala. Estas contradicciones se hicieron evidentes en todos los ámbitos políticos opuestos al carrancismo: en los sucesivos e inestables gabinetes de la Convención, en los debates de la Convención durante el año de 1915, en los programas revolucionarios. Finalmente no pudieron conciliarse. Política e ideológicamente la Convención se escindió en tres —y hasta cuatro— sectores, a veces opuestos, siempre independientes: el zapatismo, el villismo militar y cívico, y el convencio-

105. Villa nunca dejó gobernar a los gabinetes de la Convención.

106

107

nismo de Eulalio Gutiérrez. El zapatismo siguió fiel a su universo
cerrado: el estado de Morelos y la doctrina, para ellos infalible, del
Plan de Ayala. Don Eulalio y sus intelectuales idealistas como su
ministro de Educación, José Vasconcelos, peregrinaban hacia San
Luis Potosí llevando consigo un proyecto creativo para la Revolución: la redención educativa y la democracia pura, maderista. Los
Dorados del villismo militar preparaban sus músculos para las grandes batallas del Bajío en marzo de 1915. Por último, un grupo ex-
traído también de las filas maderistas gobernaba en nombre del villismo el territorio casi soberano de Chihuahua.

Un juicio equilibrado sobre el villismo no puede dejar a un lado
el desempeño de aquel gobierno chihuahuense. El "rancho" del país
era demasiado grande para Villa, pero el rancho chihuahuense sus
Dorados civiles —Díaz Lombardo, Bonilla, Terrazas— lo gobernaron
con algunos aciertos y no pocos errores.

Aquella fue una curiosa mezcla de maderismo y villismo. En

106. Don Eulalio y sus intelectuales idealistas: Montaño, Vasconcelos y Antonio Caso.
107. Los Dorados en pleno. El jefe al centro.

contraste con lo que ocurría en los territorios carrancistas, en la patria de Villa había una libertad de cultos casi total. Fue Villa quien decretó el 23 de febrero día de luto nacional. Siguiendo las pautas del gobernador maderista Abraham González, se desplegó una política agraria activa cuyo propósito final sería distribuir la tierra creando pequeñas unidades familiares provistas de agua, crédito y técnica. Aunque la reforma no culminó debidamente y Villa repartió muchas haciendas como botín de guerra entre sus lugartenientes, aquel gobierno estaba en vías de realizar una reforma agraria limitada, no muy distinta a la que, en su momento, realizarían Calles y Obregón.

La vertiente villista de aquel experimento chihuahuense tuvo dos aspectos positivos —el fomento económico y la política de caridad— y dos negativos: la corrupción y el nepotismo. Financiado, es verdad, por un déficit excesivo e inflacionario, Silvestre Terrazas promovió fábricas de lana y uniformes, una empacadora de carnes, una constructora de casas populares, caminos, obras hidráulicas. En sus afanes no olvidaba que los niños y los desamparados eran la verdadera preocupación de su general. De allí la creación de la Escuela de Artes y Oficios de Chihuahua, otras escuelas primarias, ru-

108. En su experimento chihuahuense con Manuel Chao.

109

11

109. Sus hermanitos Antonio e Hipólito.
110. El compadre Urbina junto con su estado mayor.
111. Con Luz Corral apadrina la boda de dos de sus generales.

rales y la Casa de Asilo y Corrección para huérfanos en la Misión de Chinarras. Pero no todo fue miel sobre hojuelas: varios lugartenientes y burócratas se enriquecieron, entre ellos Félix Summerfeld, Lázaro de la Garza, el propio Silvestre Terrazas según varias fuentes y, señaladamente, el hermanito de Villa: Hipólito. John Kenneth Turner —el gran crítico del porfirismo, autor del *México bárbaro*— escribió desilusionado: "Hipólito montó su empacadora de carnes. Se vanagloria de que jamás ha pagado un dólar por materia prima, ni un solo peso a los ferrocarriles por concepto de fletes. Hipólito es también juez especial en las aduanas de Ciudad Juárez... las murmuraciones en las casas de juego le atribuyen depósitos por cuatro millones de dólares en bancos norteamericanos... viste como el Duque de Venecia... se le llama 'emperador de Juárez'." En abril de 1915, Turner emitía este juicio terrible:

112

112. En el hipódromo con su amigo el general Hugh Scott y su pistolero Rodolfo Fierro.
113. Celaya, abril de 1915. "Felipe Ángeles desaconseja la táctica y sobre todo la topografía."
114. "Los villistas —reporta Obregón— han dejado el campo lleno de cadáveres'".

Mi conclusión es que Francisco Villa... es aún Doroteo Aran go... alias Pancho Villa el bandido... Villa no ha adquirido n ideas sociales ni una conciencia social. Su sistema es el mism de Díaz elevado a la potencia: robo, terror... La teoría de Vill es que el Estado existe para él y sus amigos.

Personalmente, al parecer, Villa no robó ni tuvo tiempo o vc luntad para atender de cerca el gobierno de su inmenso territorio. principios de 1915 cada uno de los 14 estados villistas tenía sus pro pios problemas. Con todo, Pancho Villa se reservó el manejo de dc riendas: la relación con los norteamericanos y la guerra contra el c: rrancismo.

En vísperas de las grandes batallas del Bajío, Villa contaba co la abierta simpatía del gobierno norteamericano. Wilson pensab que era "el mexicano más grande de su generación"; Villa, por s parte, no desperdiciaba oportunidad para agradecer al "sabio" pres dente Wilson su buena voluntad y su decisión de evitar la guerr Cualquiera que fuese la desavenencia, Villa accedió casi siempre las solicitudes del enviado de Washington, George Carothers. Mu pocas veces afectó intereses norteamericanos, y siempre mantuvo una amistad continua y funcional con el general Hugh Scott, comandante en la frontera. No obstante, la cuestión crucial del reconocimiento no se dirimiría en los suaves gabinetes de la diplomacia sino en los campos del Bajío. No con "políticas" —diría Villa— sino "echando balazos" contra el "compañerito" Obregón.

Varios factores ajenos a la psicología de Villa determinaron su derrota militar. Uno fue la falta de colaboración de Zapata. Otro, la dispersión de sus fuerzas. Los villistas combatían en tres frentes: una amplia faja del occidente y el noroeste —desde Jalisco hasta Baja California—; la zona norte y noroeste desde Coahuila hasta Tamaulipas y la región huasteca de San Luis Potosí hasta Tampico. A principios de 1915 la mitad del país era teatro de una guerra civil que se hubiese prolongado de no mediar las batallas del Bajío en las que Obregón derrotó definitivamente a Villa: las dos batallas de Celaya y los difíciles encuentros de Trinidad, Resplandor, Nápoles, Silao, Santa Ana (donde Obregón pierde su brazo) y León.

En Celaya, Villa quiere emplear las mismas tácticas de agresividad abierta que tanto éxito habían tenido en Tierra Blanca, Paredón o Torreón. Felipe Ángeles desaconseja la táctica, sobre todo por la topografía. Rodeada de acequias que permitirían al enemigo atrincherarse, Celaya no era un escenario adecuado para las cargas anibalia-

113

114

nas de Villa. Nada más remoto a aquellas blandas dunas de Tierra Blanca. A juicio de Ángeles, si la oportunidad de atacar Veracruz se había perdido, había que marchar al norte. Pero Villa se impacienta y lo desoye.

El 6 de abril lanza sus primeras cargas contra Celaya. Obregón corre grandes riesgos. La situación parece perdida para los carrancistas. "Asaltos de enemigo son rudísimos —telegrafía Obregón a Carranza— mientras quede un soldado y un cartucho sabré cumplir con mi deber." A la una de la tarde del día siguiente, Villa había dado más de treinta cargas de caballería, todas infructuosas. En un doble movimiento, Obregón ordena el ataque de las fuerzas de caballería que mantenía en reserva. "Los villistas —reporta Obregón— 'han dejado el campo regado de cadáveres'... hánse encontrado más de mil muertos."

Una semana después, Villa vuelve —literalmente— a la carga. "Conociendo el carácter rudo e impulsivismos (sic) de Villa", Obregón despliega "dispositivos de combate en una zona más amplia que la anterior" y con el mismo esquema: resistir la andanada desde las trincheras, fingir abatimiento y, en el momento justo, sorprender con el movimiento de las reservas. El saldo fue impresionante: cuatro mil muertos, seis mil prisioneros y un inmenso botín de 32 cañones, cinco mil armas y mil caballos ensillados. Villa se repone efímeramente, pero en León sigue el rosario de derrotas. Felipe Ángeles desaconseja de nueva cuenta la topografía, pero Villa insiste. Benjamín Hill le causa dolorosas bajas. El último encuentro entre Obregón y Villa ocurre en Aguascalientes. Diezmado y aturdido, Villa emprende su marcha al Norte con la idea de regresar por el Occidente. Atribuye sus derrotas a la falta de parque y refuerzos. La verdad es distinta. Obregón lo había vencido militarmente con la misma táctica de aquellas batallas psicológicas de Chihuahua: no enfrentar impul-

115. Los villistas atacan a las fuerzas de Obregón en Trinidad.

so con impulso, carga con carga, no provocar tampoco; dejarlo venir, dejarlo caer en la lógica de su propio impulso, para luego, en el
momento justo, dar el golpe de gracia. Táctica de judo.

La suerte militar de Villa se selló en aquellas batallas. El dinero
villista se desmorona vertiginosamente: de 50 centavos de dólar en
1914, pasa a 5 después de Celaya. En unos meses las "dos caritas" y
las sábanas villistas serían billetes de colección. La escasez de ali-
mentos y la inflación azotan los territorios de Villa. En agosto de
1915 Carothers informa a su gobierno: "Villa está en bancarrota y
se apoderará de todo… para reunir fondos." Todas las simpatías de
los norteamericanos por Villa y toda su diplomática condescenden-
cia con ellos no ocultan su derrota militar y financiera.

Más dolorosa que la derrota y la bancarrota debió de ser la de-

116. Hacienda de Los Otates, en León, mayo
de 1915. A lo lejos, la derrota.
117. Retirada en El Resplandor, frente a
Santa Ana del Conde, Guanajuato. Ahí Obregón perdió el brazo.
118. Villa instruye a Medinaveytia. Obregón
lo había vencido una vez más.

120

119

12

sérción. Hacía tiempo que los Herrera se habían pasado al carrancis
mo y que José Isabel Robles y Eugenio y Luis Aguirre Benavides lo
habían abandonado. Seguirían Chao, Buelna, Cabral, Rosalío Her
nández, Raúl Madero. Ángeles o fierros, uno a uno caen, desertan
O traicionan. El compadre Urbina, su viejo compañero de fechoría
amenaza con rebelarse. Urbina es tan carnicero como Fierro, per
de una maldad más amplia e inteligente. Posee un verdadero impe
rio económico: en su Hacienda de las Nieves —escribe Reed— "tod
le pertenece: la gente, las casas, los animales y las almas inmorta
les... él sólo, y únicamente él, administra la justicia alta y baja. L
única tienda del pueblo está en su casa". Villa lo asalta por sorpres
y, no sin vacilar, lo entrega a Fierro "para que disponga de él a su
voluntad". Ángeles se le separa el 11 de septiembre. Por fin, el 14 d
octubre de 1915, marchando hacia Sonora, Rodolfo Fierro encuen
tra una muerte digna de su vida: montado en su caballo y abrazad
por un pesado chaleco de monedas de oro, se ahoga lentamente en e
fango de la Laguna de Casas Grandes.

El 19 de octubre de 1915 "desilusionado totalmente" de Villa
el gobierno norteamericano reconoce al gobierno carrancista. Villa

122

123

bió sentir ésta como la mayor de las traiciones. Había puesto todo empeño durante casi cinco años en respetar a los Estados Unidos, bía cedido muchas veces a las peticiones de Scott, a los consejos Carothers, a las iniciativas de Wilson o el Departamento de Esta-. A diferencia de Carranza, había dicho casi siempre que sí. Pero ora le retribuían con una puñalada. Su respuesta fue brutal y menazante:

> Yo declaro enfáticamente que me queda mucho que agradecer a
> Mr. Wilson, porque me releva de la obligación de dar garantías
> a los extranjeros y especialmente a los que alguna vez han sido
> ciudadanos libres y hoy son vasallos de un evangelista profesor
> de filosofía, que atropella la independencia permitiendo que su
> suelo sea cruzado por las tropas constitucionalistas. (A pesar
> de todo), por ningún motivo deseo conflictos entre mi patria y
> los Estados Unidos. Por lo tanto... declino toda responsabili-
> dad en los sucesos del futuro...

La última campaña guerrera de Villa fue el ataque a Sonora a fines 1915. Quizá por el carácter súbito de su repentina exaltación y caí-, aún no se sentía vencido. En Agua Prieta, del 1º al 3 de no-embre, sus cargas de caballería se estrellan contra las alambradas los cañones del general Plutarco Elías Calles. El 21 de noviembre, ez mil villistas cargan inútilmente sobre la ciudad de Hermosillo fendida y fortificada por el general Manuel Diéguez. Maytorena ha retirado todo su apoyo. Desertan Urbalejo y sus yaquis. Perey-es ejecutado. Sólo quedan tres mil hombres en la División del orte. Obregón toma en sus manos, directamente, la ejecución de la ntilla: reduce los últimos bastiones villistas en Sonora. Se rinden udad Juárez y Chihuahua. A principios de 1916, el guerrero se nvierte en guerrillero.

119-120. Moneda villista.
121. Felipe Ángeles y su estado mayor en León.
122. Urbina, tan carnicero como Fierro.
123. Los temores de Carothers.
124-125. De guerrero a guerrillero.   ▶

124

125

Fiera herida

MIL Y UNA leyendas e interpretaciones corren sobre el asalto de Villa a la población norteamericana de Columbus. Hay quien la atribuye a maquinaciones alemanas para enfrentar a México con los Estados Unidos. En opinión de Friedrich Katz, Villa lanza su ataque porque cree descubrir, fehacientemente, que Carranza convertiría a México en un protectorado yanqui. Todo es posible tratándose de Villa, pero atribuirle una racionalidad de *Realpolitik* internacional es ir quizá demasiado lejos. No. Bajo cualquier pretexto, Villa ataca Columbus movido por una pasión humana, demasiado humana: la venganza. Antes de atacar Agua Prieta, a fines de octubre de 1915, había declarado a un reportero americano: "Los Estados Unidos reconocieron a Carranza... pagándome de esta manera

129

la protección que les garanticé a sus ciudadanos… he concluido con los Estados Unidos y los americanos… pero, por vida de Dios, no puedo creerlo".

Al saberse perdido vuelve a ser, como antes de la Revolución, una fiera; pero, sin esperanza y con rencor, una fiera traicionada:

Y él se rebeló —escribe Rafael F. Muñoz— castigando al que logró tener bajo su garra implacable. En su desengaño se desarrollaron con intensidad espantosa el odio y la ira, la crueldad, el deseo de venganza. Y cuando toca, mata; cuando insulta, derriba; cuando mira, inmoviliza. Su odio tiene la fuerza que antes tuvo su División, sepulta llanuras, hace temblar montañas. A su solo nombre, las ciudades se encogen dentro de sus trincheras.

Desde fines de 1915, la violencia villista se había vuelto más sangrienta. En San Pedro de la Cueva, Villa reunió a todos los varones del pueblo; mandó fusilarlos en masa y mató con su propia pistola al cura del lugar, cuando de rodillas se le abrazaba pidiéndole clemencia; en Santa Isabel fusila a varios mineros norteamericanos. Tiempo después, quemará gente viva y asesinará ancianos. Nunca como ahora desconfía del mundo: desaparece en las noches, se sienta de espaldas a la pared, no prueba bocado sin antes dárselo a un lugarteniente, ordena vigilancias y espionajes. Sus pocos seguidores lo llaman *El Viejo.* No pierden la fe pero sí la identidad: Villa es un proscrito y ellos ¿qué son?: ¿revolucionarios o bandidos?

La madrugada del 9 de marzo de 1916 Villa ataca la pequeña población fronteriza de Columbus. Rafael F. Muñoz pone en su boca

estas palabras verosímiles: "Los Estados Unidos quieren tragarse a México; vamos a ver si se les atora en el gaznate." El asalto dura hasta mediodía. Hay incendios, violaciones, saqueos a bancos y comercios, cuantiosos robos de armas y caballada, y varios muertos entre la población civil. Antes de que los refuerzos lo detengan, Villa galopa satisfecho: ha propinado a los güeros invasores la única invasión de su historia. No piensa en el enorme riesgo en que ha colocado a México. Muñoz describe la reacción de estupor:

> ¡Es el más terrible de los asesinos —dicen los que hace años se aprovecharon de sus triunfos y ahora lo vilipendian—, es la vergüenza de México, el azote del Norte, el asco del mundo! ¡Roba, asesina, asalta, destruye, incendia, arrasa! ¡Reta al extranjero, pone al país al borde de la guerra internacional, arruina la patria, y donde pisa, la huella de su pie se llena de sangre!

La narración biográfica del doctor Ramón Puente adquiere una acuciosa intensidad al hablar de Villa después de Columbus. Dos contingentes lo buscan con el mismo denuedo: los carrancistas y la Expedición Punitiva al mando del general John Pershing:

131. Expedición Punitiva.

132

Después del asalto de Columbus, Villa toma la dirección del Distrito de Guerrero, en Chihuahua, y en un encuentro con la columna del general Bertani, es herido en la pierna derecha casi a la altura de la rodilla. Cae desangrándose bajo el peso de su caballo, pero este incidente no lo advierte siquiera el enemigo. Cuando la noticia se conoce, es demasiado tarde para sacar partido de esa ventaja.

Por cerca de tres meses Villa se pierde en absoluto. Muchos lo creen muerto. El mismo Carranza, intrigado por esa posibilidad, consiente, indirectamente, que vaya una comisión encabezada por el pintor Gerardo Murillo (Dr. Atl), para que localice la tumba del guerrillero, de la cual tiene "datos precisos". Se llega al lugar que señalan los guías, pero sólo se encuentran algunos huesos de animal recientemente sacrificado.

Los americanos llegan hasta el pie de la cueva donde se oculta Villa, que se da cuenta de sus palabras, desentierran algunos pedazos de algodón y vendajes, pero no es posible aclarar el misterio.

Este misterio muy pocos lo conocen. Cuando alguien se da cuenta de que Villa ha sido herido en el combate de Guerrero, hay una consternación en el grupo. Rápidamente se le pone una bilma y con unas toscas pinzas, él mismo se extrae el proyectil incrustado en el hueso, pero nadie acierta en la manera de ocultarlo, ni hay ningunos recursos para proseguir la curación. El problema, el propio Villa lo resuelve, ordenando que sus dos primeros Joaquín Álvarez y Bernabé Sifuentes, lo

132. "...una de las cacerías más costosas concertadas jamás..."

transporten a la sierra de Santa Ana, en el Distrito Benito Juárez, Chihuahua, donde conoce una cueva, más bien una especie de "Abra", la cueva del Coscomate.

Llegar hasta aquel punto es laborioso, ascender hasta el "Abra", casi una empresa de romanos. La transportación se hace a lomo de un burro sufriendo incesantes dolores por la postura y el movimiento de la bestia; la ascensión se lleva a cabo por medio de unas reatas con las que se forma una hondilla para servir de asiento. Después de la instalación del enfermo, se cubre con ramajes la abertura de la roca y nadie podrá imaginarse lo que oculta.

Pero los medios de curación y de sustento con que cuenta Villa son exiguos: unas cuantas libras de arroz y unas cuantas libras de azúcar. El agua hay que salir a traerla a cuatro leguas de distancia, en unas cantimploras que apenas dan ración para dos días.

Seis semanas durará aquel retiro, mientras a través de una bilma mal puesta, se hace la defectuosa soldadura de los hue-

133. En Parral se robó a un médico.

sos, que quedan cabalgando y que nunca volverán a permitir el uso fácil del miembro acortado en algunos centímetros, teniendo necesidad de poner varias tapas de suela a su zapato, para igualarlo con el izquierdo.

La salida de la cueva del Coscomate es todavía en más penosas condiciones, porque sobre el defecto de la herida, hay una torpeza del movimiento y el debilitamiento del organismo por la deficiente alimentación. Para esa época, las fuerzas villistas han desalojado a los carrancistas de la región de Guerrero, y Villa puede, en poco tiempo, ir hasta la ciudad del Parral y "robarse" un médico, el doctor José De Lille, que lo acaba de sanar de sus males.

La Expedición Punitiva, una de las cacerías más costosas concer- odas jamás para buscar a un solo hombre, fracasa estrepitosa- nente. Día a día el parte es idéntico: "Tengo el honor de informar a usted que Francisco Villa se encuentra en todas partes y en ningu- na." Nunca le fue más útil la experiencia de sus 19 años de bandida- e. Conocía el campo como el campo lo conocía a él. Muñoz lo hace ecir:

134. "Villa se encuentra en todas partes y en ninguna…"

No hay quien me pueda seguir a caballo ni a pie, ni por el llano ni por la sierra. No me agarrarán vivo ni con trampa, como a los lobos.

Pero la fiera no sólo se defiende. El 16 de septiembre de 1916, al mando de sólo 800 hombres da un zarpazo en Chihuahua y por dos días se apodera de la ciudad. Siguen Torreón, Canutillo, Mineral de Rosario. Meses y años de infructuosas escaramuzas contra tropas de Murguía y más tarde de Diéguez. Nuevos y más crueles asesinatos a mansalva. En diciembre de 1918 después de casi tres años de separación, se reencuentra con Ángeles. Muerto Fierro, ¿vencería el ángel? El gobierno central piensa que Ángeles ha vuelto para rebelarse. Su propósito es más noble: ha vuelto para desplegar su propio apostolado maderista. No viene como militar: viene como misionero. La revolución lo atrae como un imán moral, como un destino impostergable. No resiste el destierro y la inactividad. Teme una invasión norteamericana y busca la unión entre los mexicanos. Se acerca a Villa pero no para aconsejarle fórmulas de artillería sino para predicarle respeto a la vida, espíritu de "conciliación y amor".

136

Yo voy a trabajar —escribe a Manuel Calero— con gentes ignorantes y salvajes, a quienes tal vez la guerra haya empeorado;
voy a tocarles la fibra humanitaria y patriótica.

Por cinco meses Villa y Ángeles caminan juntos. En varios ataques, Ángeles logra salvar cientos de prisioneros. Pero Villa quiere
repetir la historia y con lujo de violencia asalta Ciudad Juárez. Contra los deseos de Villa, Ángeles se le separa definitivamente. Sin éxito, intenta llevar su prédica a otros caudillos. Se esconde en una sierra que desconoce y que lo desconoce. Su propio custodio apellidado
Salas lo acoge sólo para delatarlo. Es hecho prisionero y sometido a
un Consejo de Guerra en el Teatro de los Héroes en la Ciudad de
Chihuahua.

135. "...¿vencerá el ángel?..."
136. Racimo de villistas ahorcados por Murguía. Chihuahua, 1917.
137. Yaquis villistas hechos prisioneros en
los cerros de Torreón en diciembre de 1916.

137

138   139

El juicio de Felipe Ángeles —escribe Puente— "es uno de los
procesos más ruidosos de la revolución; sus jueces son a la vez sus
más encarnizados enemigos, movidos más por el celo de partido que
por el espíritu de hacer amplia justicia". Ángeles toma a su cargo su
defensa y pronuncia uno de los discursos más conmovedores de la
historia mexicana. Con aplomo, con vehemencia, con claridad expo
ne su credo. Como la de Madero, su prédica no es de odio, "porque
el odio sienta mal en su alma", sino de "la pasión contraria, e
amor".

Sus palabras son las palabras que Madero no tuvo tiempo de ex
presar. Y al defenderse, defiende a Villa

Villa es bueno en el fondo; a Villa lo han hecho malo las cir
cunstancias, los hombres, las injusticias.

¿Por qué no iba a acercársele? ¿A quién sino a Villa había qu
predicarle el bien?

Culpo del estado actual de Villa y los suyos a los gobiernos qu
no han tenido compasión de los desheredados y los han vuelt
fieras.

El discurso es un evangelio democrático, educativo e igualitario
vindica la Constitución del 57, la educación pública y las nuevas co
rrientes socialistas: el público aclamaba a aquel ex soldado de Porfi
rio Díaz genuinamente identificado con los pobres y oprimidos
aquel extraño quijote militar y académico por quien sentía afect
hasta el general y zapatista Genovevo de la O. Del pueblo hab

138. "Es bueno en el fondo".
139. Durante el jucio Ángeles hojea *La vida
de Jesús*. Con el cónsul norteamericano en
Chihuahua.

aprendido el desdén por "los hombres de Estado que tienen helado el corazón". Su prédica y su persona ya no parecían de este mundo. Ha sido traicionado por sus propios compañeros, pero en su respuesta sólo caben "tres palabras: pureza, amor, esperanza".

El jurado lo condena a muerte. Carranza niega el indulto. Durante el juicio Ángeles hojea la *Vida de Jesús* de Renán y muere creyendo, una a una, en estas palabras:

Sé que me van a matar, pero también que mi muerte hará más por la causa democrática que todas las gestiones de mi vida, porque la sangre de los mártires fecundiza las grandes causas.

El hombre que había abrazado a Madero en sus últimos momentos, el que lo había visto beber la última gota de su cáliz, no podía morir de una forma distinta. Ambos se tendieron un nuevo abrazo: el del martirio.

Sin fierros ni ángeles que lo resguardaran o guiaran, Villa decide dar el último golpe espectacular, la última acción de película para hacer sentir su presencia. Atraviesa el Bolsón de Mapimí y asalta

140. Tres palabras finales: pureza, amor, esperanza.

141

141. Funerales del general Felipe Ángeles.
Chihuahua, noviembre 26 de 1919.
142. El general Eugenio Martínez entabla las
pláticas que conducirían al convenio de rendición.
143. Su primer vicio pequeño. A su lado, el
general Ornelas.

Sabinas, Coahuila. Entre tanto, Carranza ha muerto y los sonorenses han tomado el poder. Adolfo de la Huerta, presidente provisional, es hombre al que Villa respeta. No ha olvidado que fue De la
Huerta quien junto con Maytorena le facilitó dinero para su incur-
sión a México en el lejano abril de 1913. El general Eugenio Martínez entabla las pláticas que conducirían al convenio de rendición.
Por fin, el 28 de julio de 1920 los últimos 759 villistas deponen las
armas. A ellos se les premia con un año de haberes, y a su jefe con
la Hacienda de Canutillo. El resto de sus antiguos compañeros
—Chao, Raúl Madero, Benito García— acuden a abrazarlo en un
viaje triunfal hacia la hacienda. Los periodistas lo acosan con pre-
guntas sobre el significado del armisticio. Apoyándose en el hombro
de los generales Escobar y Martínez, Villa les responde con la más
ambigua y versificante de sus bromas:

Pueden ustedes decir que ya acabó la guerra; que ahora anda-
mos unidos las gentes honradas y los bandidos.

144

145

A hierro muere

POR MOMENTOS debió parecerle un sueño. Su viejo sueño de retirarse —como le había dicho a Reed— a "cultivar maíz y criar ganado hasta que me muera entre mis compañeros que han sufrido tanto conmigo". Por momentos parece que la paz le sonríe. Organiza la "carga" de trabajo como aquellas legendarias de caballería: compone tractores, recorre barbechos, impulsa la escuela, atiende a su pequeño hijo y por las noches, hojea *El tesoro de la juventud.* En un lugar visible de aquel retiro, Villa ha colocado dos imágenes, dos presencias: un busto de Felipe Ángeles y un retrato de Madero. Sus mártires.

"Quiere la paz pero esa paz lo rechaza como si no tuviera derecho a ella." Lo acechan dolores físicos y morales; recrudece su fractura en la pierna; lo asaltan celos terribles sobre sus últimas mujeres —se había casado varias veces, regando villitas por el mundo—; se atreve a criticar a los logreros de la Revolución —aunque él mismo se opone al reparto agrario en su zona— y, en su repliegue, incurre en vicios autolesivos: el tabaco y el anís. Se vuelve casi un dipsómano.

Nada lo atormenta más que el miedo a una celada, pero comete la

144. Su recámara en Canutillo.
145. Sus Dorados aprenden a leer y a escribir en Canutillo.
146. Los hierros pacíficos de Canutillo.
147. Lo atormenta el miedo...

146

147

nprudencia de entrevistarse con Adolfo de la Huerta y ofrecerle su poyo en el inminente cisma entre él, Calles y Obregón. El presiden- le da seguridades y refacciona al último secretario de Villa, Mi- uel Trillo, para los gastos de Canutillo. Villa se tranquiliza y em- rende un viaje a Río Florido para ser padrino en un bautizo y arre- ar en Parral su testamento. Ramón Puente recoge de primera ano la cacería final:

Trillo se opone a que lleven consigo la escolta, como general- mente era costumbre, y el viaje lo emprenden en un automóvil Dodge, cuya dirección lleva Villa. Toda la compañía son seis o siete soldados de confianza.

Por ese tiempo se trama resueltamente el asesinato de Vi-

148. ... y los celos terribles.
149. Impulsa la escuela. Uno de sus hijos es maestro en Canutillo.
150. Su hijo Agustín filmó en Hollywood.
151. Los Dorados en santa paz. ▶

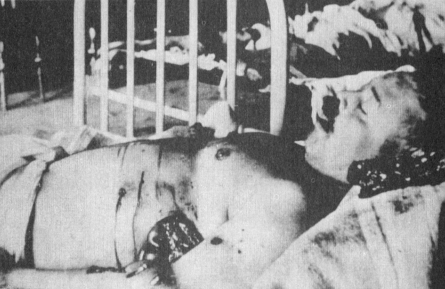

lla, en cuya organización no son extraños algunos enemigo
personales del guerrillero. Un grupo de individuos que hace u
total como de dieciséis, han alquilado una casa en la calle de Ga
bino Barreda, que cierra la Avenida Juárez, en Parral, por don
de forzosamente tienen que pasar los viajeros o caminantes qu
entran o salen de la población rumbo del noroeste.

Alrededor de tres meses dura la estancia de los interesa
dos, en esperar el momento propicio para sorprender una vícti
ma que no acierta a pasar en condiciones vulnerables, hast
que por fin, la ocasión se presenta.

Villa realiza el viaje a Río Florido, concurre en calidad d
padrino al bautizo, y regresa a la ciudad de Parral, donde per
manece varios días en el arreglo de sus asuntos privados. Par
la mañana del 20 de julio (1923), se fija la vuelta a Canutillo
donde ha quedado esperando la esposa, próxima a dar a luz u

152. Jesús Salas Barraza, su asesino.
153. "Difícilmente se le reconoce...
154. ... el corazón."

155

segundo vástago, no obstante que en la despedida se expresó el vago presentimiento de que sería la última.

Son las ocho de la mañana cuando abandonan el hotel, hora en que los niños pasan a las escuelas, pero la ciudad tiene un aire extrañamente misterioso; no hay policía de resguardo y los soldados de la guarnición han salido a revista a las afueras de la ciudad, no obstante estar todavía lejos el último del mes, en que ésta se realiza, por reglamento. Pero a pesar de este detalle, nada impresiona a Villa de aquel conjunto de circunstancias. ¿Qué fue de su astucia legendaria y de su desconfianza sempiterna? Ambas cosas desde hacía tiempo estaban embotadas.

El automóvil va repleto de gente; lleva Villa la dirección y a su derecha se sienta Trillo, quien por cuestiones de economía (asistencia para cincuenta gentes y forrajes para cincuenta caballos), no consintió en que fuera toda la escolta.

La señal de que el ansiado vehículo va a pasar y de que el mismo Villa es el conductor, está encargado de darla un viejo dulcero, apostado con su pequeña mesa de golosinas, a la orilla de una banqueta en la Avenida Juárez, desde donde se puede mirar fácilmente la habitación de los asaltantes.

El carro dobla la esquina y en ese instante se escucha una cerrada descarga. Todos los individuos de aquella casa misteriosa, en cuya puerta siempre se ven hacinadas algunas pacas de pastura y un entrar y salir de hombres armados, como si fuera un cuartel, disparan sobre los ocupantes del Dodge, que luego se desvía y va a chocar contra un árbol. Mientras casi toda la tripulación perece entre murmullos y quejas, que instantáneamente se apagan.

155. Estrella póstuma

Sin pérdida de tiempo, uno de los asaltantes sale en el acto a disparar el tiro de gracia sobre Villa, que ha quedado exánime con el cuerpo completamente doblado hacia la portezuela y la mano derecha en actitud como de sacar la pistola. Tiene las dos manos heridas, el cráneo y la cara perforados, y en la autopsia, difícilmente se le reconoce el corazón, por haber quedado como papilla —efecto destructor de las balas expansivas empleadas en el asalto.

Se le sepultó al día siguiente. En muchas partes de México el pueblo lo lloró porque veía en aquella vida una metáfora de la suya propia. La más compleja de las metáforas, hecha de ignorancia y aspiración, de coraje y piedad, de violencia y luz. Metáfora justiciera. Tres años después de su muerte alguien violó la tumba y extrajo el cráneo de Francisco Villa. ¿Era de ángel o de fierro?

156. El pueblo lo lloró.
157. ¿Ángel o fierro?

156

Créditos fotográficos

1. *Metropolitan Magazine.*
2. Hemeroteca Nacional.
3. The Library of Congress.
4. Hemeroteca Nacional.
5. Archivo General de la Nación.
6. The Library of Congress.
7. *Metropolitan Magazine.*
8. Archivo General de la Nación.
9. Hemeroteca Nacional.
10. *Metropolitan Magazine.*
11. Archivo General de la Nación.
12. *Reel Life.*
13. Archivo General de la Nación.
14. Biblioteca Daniel Cosío Villegas. El Colegio de México.
15. The Library of Congress. Pláticas de paz entre Gerónimo y el general Crook, en Tombstone, Arizona. Entre los concurrentes, el capitán Roberts, primero de izquierda a derecha, Gerónimo, tercero de izquierda a derecha, Nana, teniente Maus, tres intérpretes, capitán Bourque y general Crook, penúltimo.
16. William Loren Katz, *The Black West.*
17. *Metropolitan Magazine.*
18-21. Hemeroteca Nacional.
22. Archivo General de la Nación. Juan Sánchez Azcona pronuncia un discurso el 5 de mayo de 1911 en Ciudad Juárez ante Francisco I. Madero, Francisco Villa, Pascual Orozco y otros guerrilleros.
23. The Library of Congress. Raúl Madero, Sara Pérez de Madero y Francisco I. Madero.
24. Archivo General de la Nación. A la izquierda de Villa, Tomás Urbina, a su derecha, Calixto Contreras.
25-27. Hemeroteca Nacional.
28. Archivo General de la Nación.
29-30. Hemeroteca Nacional.
31. The Library of Congress.
32. Hemeroteca Nacional.
33. Hemeroteca Nacional. Atrás de Villa, Rodolfo Fierro. El general Banda señala a Villa las fases del combate de Tierra Blanca.
34. Hemeroteca Nacional.
35. Hemeroteca Nacional. Alrededor de Villa, Eduardo Ford, general Manuel Medinaveytia, Práxedis Guicer, mayor Juan B. Vargas; el capitán Villarreal y Marcos Corral, cuñado de Villa.
36. *Reel Life.*
37. *The Moving Picture World.*
38. *Reel Life.*
39. The Library of Congress. General Emilio Campa, primero de izquierda a derecha. A la izquierda de Villa, Pánfilo Natera, a su derecha, Raúl Madero.
40. *Metropolitan Magazine.*
41-42. Hemeroteca Nacional.
43. Centro de Estudios de Historia de México Condumex.
44-47. The Library of Congress.
48-51. Hemeroteca Nacional.
52-53. The Library of Congress.
54. Hemeroteca Nacional. Villa con dos de sus hijos.
55-56. The Library of Congress.
57. Hemeroteca Nacional.
58. Hemeroteca Nacional. 1. Francisco Villa, Jr.. 2. Charlie Mitchel. 3. Nelly Campobello. 4. Austreberta Rentería viuda de Villa. 5. Elvira V. de Ramos: 6. Hipólito Villa. 7. Mayor C. Ramos.
59. Hemeroteca Nacional. Trillo y Villa con huérfanos de sus parientes en Canutillo.
60. The Library of Congress. Villa en su tren en la estación de Tacuba, D. F.
61. The Library of Congress. Villa, Fierro, Raúl y otro de los hermanos Madero.
62-67. Hemeroteca Nacional.
68-69. Centro de Estudios de Historia de México Condumex.
70. Hemeroteca Nacional.
71. The Library of Congress. Rodolfo Fierro, Villa, Raúl Madero, entre los fotografiados.
72. Hemeroteca Nacional.
73. Centro de Estudios de Historia de México Condumex.
74. Centro de Estudios sobre la Universidad. UNAM. Archivo Magaña.
75. Biblioteca Daniel Cosío Villegas. El Colegio de México.
76. The Library of Congress.
77. Centro de Estudios sobre la Universidad. UNAM. Archivo Magaña. Tercero de izquierda a derecha, doctor Gustavo Baz. Penúltimo, doctor Cuarón.
78. Centro de Estudios sobre la Universidad. UNAM. Archivo Magaña. Felipe Ángeles con la comisión de la Convención que fue a Morelos para invitar a Emiliano Zapata para asistir a las sesiones en Aguascalientes. Manuel Robles, doctor Adolfo Cuarón, Manuel Palafox, Rafael Buelna, Juan Banderas, Felipe Angeles, Octavio Magaña Cerda, Antonio Díaz Soto y Gama, Calixto Contreras. Atrás, coronel Gustavo Baz, Juan Andrew Almazán, doctor Briones y Guillermo Castillo Tapia.
79. Patrimonio Universitario. UNAM.
80. Centro de Estudios sobre la Universidad. UNAM. Archivo Magaña.
81. Hemeroteca Nacional.
82. Anita Brenner, *The Wind that Swept Mexico.*
83-85. Hemeroteca Nacional.
86. The Library of Congress.
87. Hemeroteca Nacional.
88. Centro de Estudios sobre la Universidad. UNAM. Archivo Magaña. Fotografía tomada por el periodista norteamericano Butcher.
89. The Library of Congress. Fotografía tomada por el periodista norteamericano Butcher.
90. Centro de Estudios sobre la Universidad. UNAM. Archivo Magaña. Fotografía tomada por el periodista norteamericano Butcher.
91. Hemeroteca Nacional. Guillermo García Aragón, Antonio I. Villarreal, Alvaro Obregón, Leon J. Canova y Eduardo Hay.
92. Hemeroteca Nacional.
93. Centro de Estudios de Historia de México Condumex. Álvaro Obregón, Juan Andrew Almazán, Eulalio Gutiérrez, Pánfilo Natera, Ramón F. Iturbe, Guillermo García Aragón y Eduardo Hay.
94. Centro de Estudios de Historia de México Condumex. Lucio Blanco visita a Benito Gómez Farías, constituyente del '57.
95. Hemeroteca Nacional.
96. Hemeroteca Nacional. Luis Aguirre Benavides, Villa, Adrián Aguirre Benavides, Máximo García, Carlos García Gutiérrez, José Rodríguez, Rodolfo Fierro y Fidel Avila (?)
97. Hemeroteca Nacional.
98. Biblioteca Daniel Cosío Villegas. El Colegio de México.
99. Hemeroteca Nacional. José Vasconcelos, Francisco Villa, Eulalio Gutiérrez, Emiliano Zapata y Felícitas Villarreal. Atrás, de frente despejada y bigote espeso, José Isabel Robles.
100. The Library of Congress.
101. Filmoteca de la Universidad. UNAM.
102. Hemeroteca Nacional.
103. Dirección General de Derechos de Autor. SEP.
104. Biblioteca Daniel Cosío Villegas. El Colegio de México. Tomás Urbina, Francisco Villa, Emiliano Zapata, Otilio Montaño.
105. Hemeroteca Nacional. Otilio Montaño, Roque González Garza y Antonio Díaz Soto y Gama.

106. Hemeroteca Nacional. Otilio Montaño, Eulalio Gutiérrez, José Vasconcelos y Antonio Caso.
107. Hemeroteca Nacional.
108. The Library of Congress. A la derecha de Villa, Manuel Chao.
109-110. Hemeroteca Nacional.
111. Hemeroteca Nacional. Villa con Luz Corral en una boda. Entre los concurrentes Federico y Roque González Garza, los generales Fidel Avila, José Rodríguez, Antonio Villa y Paula Palomino.
112-118. Hemeroteca Nacional.
119-120. Metropolitan Magazine.
121. Hemeroteca Nacional. 1. Felipe Ángeles. 2. Alfonso Iturbide. 3. El oficial Farías. 4. Fernando Liceaga. 5. Próspero Ángeles, hermano del general. 6. Carlos Arango, secretario del general. 7. Rafael Iturbide. 8. Eduar-

do Ángeles, sobrino del general. 9. Roberto Morelos Zaragoza. 10. Dr. Wighman. 11. Eduardo Salomón, veterinario. 12. El Zapatista.
122. Metropolitan Magazine.
123. Hemeroteca Nacional. Leon J. Canova, Carothers y Arturo Cisneros, periodista de *El Pueblo.*
124. Archivo General de la Nación.
125. Hemeroteca Nacional.
126. Gustavo Casasola, *Biografía ilustrada del general Plutarco Elías Calles.*
127. The Moving Picture World.
128-129. Hemeroteca Nacional.
130-132. The Library of Congress.
133. Archivo General de la Nación.
134. The Library of Congress.
135. Centro de Estudios de Historia de México Condumex. Luz Corral y Villa apadrinan

el matrimonio de Máximo García con Carmen Torres.
136-141. Hemeroteca Nacional.
142. Archivo General de la Nación.
143-150. Hemeroteca Nacional.
151. Hemeroteca Nacional. Sentados de izquierda a derecha: general Ricardo Michel, coronel Miguel Trillo, general Francisco Villa, general Nicolás Fernández, coronel Sóstenes Garza, general Ornelas. De pie: coronel José Nieto, *el Ruñi,* coronel Ramón Contreras, asistente Daniel Tamayo, coronel José Jaurrieta, Corl. José Gómez Morentín, Gral. Lorenzo Ávalos, Gral. Ernesto Ríos, Corl. Tavares, Corl. Daniel Delgado y Albino Aranda.
152-153. Hemeroteca Nacional.
154. Centro de Estudios de Historia de México Condumex.
155-157. Hemeroteca Nacional.

Bibliografía

Libros, artículos y folletos

Aguirre Benavides, Luis. *De Francisco I. Madero a Francisco Villa.* A. de Bosque Impresor, México, 1966.
———, y Adrián. *Las Grandes Batallas de la División del Norte.* Ed. Diana, México, 1964.
Ángeles, Felipe, "Genovevo de la O." en *Cuadernos Mexicanos.* Sep-Conasupo.
Beltrán, Enrique. "Fantasía y realidad de Pancho Villa" *Historia Mexicana* 61 vol. XVI No. 1 julio-septiembre 1966, El Colegio de México.
Blanco Moheno, Roberto. *Pancho Villa que es su padre.* Ed. Diana, México, 1969.
Braddy Haldeen. *The Paradox of Pancho Villa.* Texas Western press, 1978, University of Texas, El Paso.
Bustamante, L. F. "Pancho Villa no era bandido antes de 1910". *Todo,* noviembre 28, 1933.
———, "José Loya era el nombre comercial de Pancho Villa". *Todo,* mayo 21, 1935.
———, "Nadie sabía donde dormía Pancho Villa". *Todo,* junio 11 1935.
Campobello, Nellie. *Mis Libros: Apuntes sobre la vida militar de Francisco Villa.* Compañía General de Ediciones, México, 1960.
Casasola, Gustavo. *Biografía ilustrada del ge-*

neral Francisco Villa. (1878-1966) Ed. G. Casasola, México, 1969.
Ceja Reyes, Víctor. *Yo maté a Villa.* Populibros La Prensa, México, 1960.
Cervantes, Federico. *Francisco Villa y la Revolución.* Ediciones Alonso, México, 1960.
Cervantes, Francisco. "Felipe Ángeles: Revolucionario, idealista y desinteresado", *El Universal,* 26 de noviembre 1947.
Cortés, Rodrigo Alonso. *Francisco Villa, el Quinto Jinete del Apocalipsis.* Ed. Diana, México, 1972.
Clendenen, Clarence. *The United States and Pancho Villa: a study in unconventional diplomacy.* Cornell University Press, Ithaca, 1961.
Corral, Luz viuda de Villa. *Pancho Villa en la intimidad.* Centro Librero La Prensa, Chihuahua, Chih. 1976.
Cumberland, Charles. *La Revolución Mexicana. Los años constitucionalistas,* Fondo de Cultura Económica, 1975.
Díaz Soto y Gama, Antonio. "La ley agraria del villismo". *El Universal,* 22 y 29 abril 1953.
Documentos relativos al general Felipe Angeles, Editorial Domés, 1982.
Durán y Casahonda, José. "Las mujeres de Pancho Villa". *Todo,* enero 2, 1934.
Estol, Horacio. *Realidad y leyenda de Pancho*

Villa. Biblioteca de bolsillo. Librería Hachette, Buenos Aires, (sin fecha).
García Naranjo, Nemesio. "El bandolerismo de Villa". Excélsior, marzo 17, 1926.
Garfias M. Luis. *Verdad y leyenda de Pancho Villa,* Panorama Editorial, 1981.
Gill, Mario. "Heraclio Bernal, Caudillo frustrado", *en Historia Mexicana* No. 14.
Gómez, Marte R. *Pancho Villa, un intento de semblanza.* Fondo de Cultura Económica, México, 1972.
González Garza, Roque. "La batalla de Torreón" en *Cuadernos Mexicanos.* Sep-Conasupo.
González, Manuel W. *Contra Villa.* Ed. Botas, México 1935.
González Ramírez, Manuel. *Planes políticos y otros documentos.* Tomo 1 de *Fuentes para la historia de la Revolución Mexicana,* Fondo de Cultura Económica, 1974.
Guzmán, Martín Luis. *El Aguila y la Serpiente.* Ed. Aguilar, *La Novela de la Revolución Mexicana,* Tomo II, México, 1960.
———, *Memorias de Pancho Villa.* Cía. General de Ediciones, México, 1968.
Herrera, Celia. *Francisco Villa ante la historia.* Costa Amic Editores, México, 1939.
Ita, Fernando de. "Soledad Seañez de Villa recuerda su vida..." *Unomásuno* 18-III-1983.
Katz, Friedrich. "Agrarian Changes in Nort-

hern México in the Period of Villista Rule. 1913-1915". En *Contemporary México*. Papers of the IV International Congress of Mexican History, Los Angeles: UCLA Press, 1976.

– – –. "Alemania y Francisco Villa". *Historia Mexicana*, vol. XII Tomo 1, No. 45.

– – –, "Pancho Villa and the Attack on Columbus, New Mexico". *The American Historical Review*, vol. 83, No. 1, febrero 1978, Washington, DC.

– – –, "Peasants in the Mexican Revolution of 1910". En Speilberg, Joseph and Whiteford, Scott eds. *Forging Nations: A Comparative View of Rural Ferment and Revolt* East lansing: Michigan State University Press, 1976.

– – –, "Villa, Reform Governor of Chihuahua". En *Essays on the Mexican Revolution, revisionist view of the Leaders*, ed. por George Wolfskill and Douglas W. Richmond, Austin and London: University of Texas Press, 1979.

Juvenal. *Verdades históricas ¿Quién es Francisco Villa?* Gran Imprenta Políglota, Dallas, Texas, 1916.

Langle Ramírez, Arturo. *El ejército villista*. Instituto Nacional de Antropología e Historia, México, 1961.

– – –, *Los primeros cien años de Pancho Villa*. Costa-Amic Editores, México, 1980.

Lansford, William Douglas. *Pancho Villa*. Stock, París, 1967.

L. B. F. "El corazón de Pancho Villa". *Jueves de Excélsior* mayo 1, 1937.

Magaña, Gildardo. "Así nació la División del Norte" en *Cuadernos Mexicanos*, Sep-Conasupo.

Mar, Juan del. "Sombras de Villa" en *Hoy*, 30 de sept. de 1937.

Mendoza, Vicente T. *El Corrido Mexicano*. Fondo de Cultura Económica, México, 1954.

Muñoz, Rafael F. *Pancho Villa - Rayo y Azo-*

te. Populibros La Prensa, México, 1955.

– – –, *Relatos de la Revolución*, Sep Setentas, México, 1974.

– – –, *Vámonos con Pancho Villa*. En *La Novela de la Revolución Mexicana*, tomo II, Aguilar, México, 1960.

Obregón, Alvaro. *Ocho mil kilómetros en Campaña*, Fondo de Cultura Económica, 1973.

O'Hea, Patrick. *Reminiscences of the Mexican Revolution*. Sphere Books Limited, Londres, 1981.

Pérez Rul, Enrique. "El amor y Francisco Villa". *Mujeres y Deportes*, mayo I, 1937.

Peterson, Jessie y Cox Knoles, Thelma. *Pancho Villa, Intimate Recollections by People who know him*. Hasting House Publishers, New York, 1977.

Puente, Ramón. "Francisco Villa" en *Historia de la Revolución Mexicana*, Editorial Menéndez, 1936.

– – –, "Francisco Villa" en *La Dictadura, la Revolución y sus hombres*, Edición del autor.

– – –, "La verdadera historia de Pancho Villa, por su médico y secretario". *Excélsior*, 23 y 28 mayo, 1931.

– – –, "Memorias de Pancho Villa, narradas por él mismo", *El Universal Gráfico*, 26 y 30 de julio 1923.

– – –, *Villa en pie*. Ed. Castalia, México, 1966.

Reed, John. *Hija de la Revolución y otras narraciones*. Fondo de Cultura Popular, México, 1972

– – –, México Insurgente, Ed. Ariel, Barcelona, 1969.

– – –, "Con Villa en México". *Metropolitan Magazine*, febrero, 1914.

– – –, "Las batallas desesperadas de Villa preparatorias a la captura de Torreón" en *The World*, 12 abril, 1914.

– – –, ¿Qué pasa en México? en *The Masses*, junio 1914.

– – –, "El socialismo de Villa se funda en la

necesidad" en *The Sun*, 2 enero 1914.

– – –, "Villa es brutal, sin embargo tiene ideales"; hallazgo del reportero de *The World*, 1 marzo 1914.

Rutherford, John. *Mexican Society during the Revolution. (A literary approach)*. Clarendon Press, Oxford, 1971.

Schuster, Ernest Otto. *Pancho Villa's Shadow: The True Story of Mexico's Robin Hood as told by his Interpreter*, Exposition Press, New York, 1947.

Sánchez Azcona, Juan. "La complicada psicología de Francisco Villa." *El Universal*, noviembre 2, 1928.

Serrano T. F. y Del Vando C. *Victorias del General Villa*. El Paso, Texas, 1914.

Terrazas, Silvestre. "El verdadero Pancho Villa". *Boletín de la Sociedad Chihuahuense de Estudios Históricos*. febrero 20, 1920, marzo, abril, mayo, junio, julio, agosto 20, 1944.

Torres, Elías. *Hazañas y muerte de Francisco Villa*. Ed. Epoca México, 1975.

– – –, *Twenty Episodes in the Life of Pancho Villa*. The Encino Press, Austin, Texas, 1973.

– – –, *Vida y hechos de Francisco Villa*, Ed. Epoca, México, 1975.

Trujillo Herrera, Rafael. *Cuando Villa entró en Columbus*. Porrúa, México, 1973.

Turner, John Kenneth. "Villa como estadista", en *Metropolitan*, abril, 1915.

Ulloa, Berta. *La Revolución Escindida, Historia de la Revolución Mexicana (Periodo 1914-1917)* vol. 4, El Colegio de México, México, 1979.

– – –, *La Encrucijada de 1915, Historia de la Revolución Mexicana* (Periodo 1914-1917). El Colegio de México, México, 1979.

Valadés, José C. "Los compadres de Villa", *Todo*, 26 septiembre, 1933.

Vasconcelos, José. *La Tormenta*. Ediciones Botas, México 1936.

Índice

Este libro se terminó de imprimir y encuadernar en el mes de noviembre de 2002 en Impresora y Encuadernadora Progreso, S. A. de C. V. (IEPSA), Calz. de San Lorenzo, 244; 09830 México, D. F. Se tiraron 10 000 ejemplares.